LÉO

BALZAC

EUGÉNIE GRANDET

I

avec une Notice biographique, une Notice historique et littéraire,
des Notes explicatives, une Documentation thématique,
des Jugements, un Questionnaire et des Sujets de devoirs,

par

JEAN-POL CAPUT

Ancien élève de l'E.N.S. de Saint-Cloud
Agrégé des Lettres

Texte intégral

preface – p.67

LIBRAIRIE LAROUSSE

17, rue du Montparnasse, 75298 PARIS

RÉSUMÉ CHRONOLOGIQUE
DE LA VIE DE BALZAC
1799-1850

1799 — **Naissance à Tours d'Honoré de Balzac** (20 mai). Son père, Bernard François Balssa, fils d'un laboureur du Tarn, avait fait des études juridiques; venu à Paris sous le nom de Balzac, d'abord secrétaire au Conseil du roi, puis officier municipal en 1793, il entre dans le service de l'intendance militaire et s'installe, en 1795, à Tours, comme directeur des vivres de la XXVII⁰ région militaire; il épouse, à 51 ans, le 30 janvier 1797, Anne Charlotte Laure Sallambier, née d'une famille de drapiers parisiens (voir *la Maison du Chat-qui-pelote*). Honoré aura deux sœurs (dont Laure, née en 1800) et un frère.

1807-1813 — Élevé en nourrice jusqu'alors, puis externe à Tours, Honoré est pensionnaire chez les ex-oratoriens de Vendôme (voir *Louis Lambert*).

1814 — **Installation à Paris;** son père devient directeur des vivres de la Iʳᵉ division militaire. Honoré achève ses études à la pension Lepître.

1816 — Il se fait immatriculer à la faculté de droit. En même temps, il fait son **apprentissage de clerc** chez Mᵉ Guillonnet de Nerville, qui sera Derville dans *la Comédie humaine* (voir *le Colonel Chabert*), puis chez Mᵉ Passez, notaire (voir *la Peau de chagrin, Illusions perdues, le Lys dans la vallée*).

1819-1825 — Retraité, le père s'installe à Villeparisis, où Honoré connaîtra Mᵐᵉ de Berny, sa « Dilecta » de 1822 à 1833 (voir *le Lys dans la vallée*). Répugnant à choisir une situation, Honoré refuse d'entrer chez un notaire et obtient de son père un délai de deux ans durant lequel, pourvu de cent vingt francs par mois, il va **tenter de devenir écrivain.** Il s'installe dans une mansarde de la rue Lesdiguières; il écrit des récits philosophiques et compose une tragédie, *Cromwell*. En même temps, il lit beaucoup. Il se met à faire de la littérature « alimentaire ». Sous des pseudonymes divers, il publie une **trentaine de médiocres romans,** comme *Jean-Louis* (1821), *Argow le Pirate* (1824), *Jeanne la Pâle* (1825), et des ouvrages de librairie, comme le *Manuel complet de la politesse, Du droit d'aînesse, Histoire impartiale des jésuites.* — Sa sœur Laure se marie. Honoré fait la connaissance de Zulma Carraud, amie de pension de celle-ci, qui restera pour le romancier une amie et une conseillère.

1825-1828 — Balzac **homme d'affaires** hardi et malheureux. D'abord éditeur de livres de luxe (avril 1825), puis imprimeur, rue des Marais (juin 1826), enfin fondeur de caractères; le 16 avril 1828, il doit presque cent mille francs à sa famille et à Mᵐᵉ de Berny. Mais il a appris à connaître la puissance de l'argent. Il se lie avec la duchesse d'Abrantès (voir *la Femme abandonnée*). — Il publie un *Petit Dictionnaire critique et anecdotique des enseignes de Paris* (1826). — En mars 1828, sous le nom de Surville, il s'installe rue Cassini, dans un pavillon qu'il habitera neuf ans durant.

1829 — En mars paraît *le Dernier Chouan ou la Bretagne en 1800,* premier ouvrage que Balzac avouera. *La Physiologie du mariage* obtient un succès de scandale. — Mort de son père (18 juin); sa mère (dont la situation financière va toujours empirer) commence sa vie errante.

***

1830 — **Soixante-dix publications signées de son nom** paraissent au cours de l'année. Il publie deux volumes de *Scènes de la vie privée* (dont *Gobseck* et *la Maison du Chat-qui-pelote*). Cette **année** est **décisive** pour son orientation romanesque. — Balzac, tout en consacrant son nuits au travail, mène une vie de « dandy » sans souci de ses dettes. Il fréquente des femmes de lettres, comme Marceline Desbordes-Valmore (voir *la Cousine Bette*) et George Sand (voir *Béatrix*). Le faubourg Saint-Germain s'ouvre à lui : il fréquente chez la comtesse Merlin, chez Sophie

© *Librairie Larousse,* 1970.   ISBN 2-03-870003-6

Gay, chez Mme Récamier. Il se lie à la duchesse de Castries (voir *la Duchesse de Langeais*) et à la comtesse Guidoboni-Visconti (voir *Mémoires de deux jeunes mariées*).

1831 — Publication de *la Peau de chagrin* et de *la Femme de trente ans*.

1832 — Ambitions politiques : il adhère au parti néo-légitimiste. — Publication de deux autres volumes de *Scènes de la vie privée* (dont *le Colonel Chabert*), ainsi que du *Curé de Tours* et de *Louis Lambert*. Première lettre anonyme de Mme Hanska.

1833 — *Eugénie Grandet*, *l'Illustre Gaudissart*, *le Médecin de campagne*. **Première rencontre de Balzac et de Mme Hanska** à Neuchâtel.

1834 — Travail intensif et vie mondaine très chargée. Liaison avec la comtesse Guidoboni-Visconti. — Retraite à Saché. Il rassemble et publie sous le titre de *Scènes de la vie de province* plusieurs romans antérieurs, et donne *la Recherche de l'absolu* et *le Père Goriot*, où, pour la première fois, il applique le **procédé du retour des personnages**.

1835 — Publication des *Études philosophiques* et du *Lys dans la vallée*. Il veut devenir l'historien de son temps : « Je veux gouverner le monde intellectuel en Europe », proclame-t-il.

1836 — Balzac fonde *la Chronique de Paris*, mais le journal périclite et les dettes s'accumulent. Mort de Mme de Berny (27 juillet). Las du travail, le romancier décide de voyager.

1837 — Voyage en Italie (février-mai). En septembre, il acquiert la maison des Jardies, près de Sèvres, et se propose d'y faire fortune avec des plantations d'ananas. Mais il devra tout vendre et s'installer à Passy. Publication d'*Illusions perdues* (première partie), de *César Birotteau* et des *Employés*.

1838 — Il rêve de rouvrir les mines d'argent de Sardaigne : échec. Publication de *la Maison Nucingen* et du *Curé de village*.

1839 — Balzac songe à l'Académie française. *Splendeurs et misères des courtisanes*. Deuxième partie d'*Illusions perdues*.

1840 — Échec, au théâtre de la porte Saint-Martin, de *Vautrin*, drame tiré du *Père Goriot*, sifflé et interdit par le gouvernement (mars). Balzac tente de fonder un journal : *la Revue parisienne*; nouvel échec.

1841 — Balzac signe un contrat pour la publication de ses *Œuvres complètes*. Les éditeurs estimant le **titre** sans attrait, il en imagine un autre : *la Comédie humaine*, et il écrit la **célèbre Préface** de seize pages qui explique son dessein. Publication d'*Ursule Mirouët*.

1842 — Balzac, ayant appris la mort de M. Hanski (novembre 1841), songe à épouser Mme Hanska, qui refuse. — Échec d'un nouveau drame à l'Odéon (mars). Annonce, par la *Bibliographie de la France*, d'une première livraison de *la Comédie humaine*. Publication de *la Rabouilleuse*.

1844 — Publication des *Paysans*.

1845 — Voyage de Balzac avec Mme Hanska en Allemagne, en France, aux Pays-Bas et en Italie. Établissement du **plan définitif de *la Comédie humaine***.

1846 — Balzac achète le pavillon Beaujon, rue Fortunée, et y fait des dépenses extraordinaires. Publication de *la Cousine Bette*.

1847 — Second séjour de Mme Hanska à Paris. Balzac a des soucis de santé et d'argent. Il rédige son testament (juin). Publication du *Cousin Pons* et du *Député d'Arcis*.

1848 — Échec de sa candidature à l'Assemblée constituante. Il souffre d'une hypertrophie du cœur. Bronchite grave, pneumonie.

1849 — Échec à l'Académie française.

1850 — Mariage de Balzac avec Mme Hanska (14 mars). **Mort de Balzac**, le 18 août, à **Paris**, dans son hôtel de la rue Fortunée (auj. rue Balzac). « Il entre le même jour dans la gloire et le tombeau », dit Victor Hugo le jour des obsèques.

Balzac avait seize ans de moins que Stendhal, neuf ans de moins que Lamartine, deux ans de moins que Vigny, un an de moins qu'Auguste Comte et Michelet.

Il avait trois ans de plus que Dumas, Hugo et Lacordaire, quatre ans de plus que Mérimée, cinq ans de plus que George Sand et Sainte-Beuve, onze ans de plus que Musset, douze ans de plus que Gautier.

BALZAC ET SON TEMPS

	la vie et l'œuvre de Balzac	le mouvement intellectuel et artistique	les événements politiques
1799	Naissance à Tours d'Honoré de Balzac (20 mai).	La Harpe : le Lycée ou Cours de littérature. Beethoven : Sonate pathétique.	Déclaration de guerre de la France à l'Autriche. Fin du congrès de Rastadt. Expédition d'Égypte. Coup d'État du 18-Brumaire et établissement du Consulat. Mort de Washington.
1814	Installation de la famille de Balzac à Paris.	Stendhal à Milan. Byron : le Corsaire italique; Sara Stevenson : invention de la locomotive. Chateaubriand : De Bonaparte et des Bourbons.	Campagne de France. Abdication de Napoléon Ier. Première Restauration. Chateaubriand ministre d'État pendant les Cent-Jours, puis pair de France.
1816	Balzac s'inscrit à la faculté de droit. Stages chez un avoué et un notaire.	Chateaubriand : la Monarchie selon la Charte. Benjamin Constant : Adolphe. Byron : le Pèlerinage de Childe Harold Rossini : le Barbier de Séville.	Chateaubriand entre dans l'opposition. Dissolution de la Chambre introuvable.
1819	Balzac s'installe dans la mansarde de la rue Lesdiguières.	Publication des œuvres d'André Chénier. W. Scott : Ivanhoé. J. de Maistre : Du pape. Géricault : le Radeau de la Méduse.	Ministère Decazes : mesures libérales. Lois de Serre favorables à la liberté de la presse.
1825	Premier essai de Balzac pour s'enrichir : l'édition. Échec.	Lamartine : le Dernier Chant du pèlerinage d'Harold. P. Mérimée : Théâtre de Clara Gazul. A. Thierry : Histoire de la conquête de l'Angleterre. Mort du peintre David.	Sacre de Charles X. Loi du sacrilège. En Grèce, résistance de Missolonghi. Mort du tsar Alexandre Ier.
1829	Mort du père de Balzac. — Les Chouans. Physiologie du mariage.	Victor Hugo : les Orientales; le Dernier Jour d'un condamné; Marion de Lorme. Vigny : Othello. P. Mérimée : Chronique du règne de Charles IX.	Démission de Martignac, remplacé par Polignac. Fin de la guerre russo-turque, par le traité d'Andrinople.
1830	Intense activité littéraire : Gobseck. La Maison du Chat-qui-pelote. Le Bal de Sceaux. Balzac fréquente le faubourg Saint-Germain.	Bataille d'Hernani. Musset : Contes d'Espagne et d'Italie. Lamartine : Harmonies poétiques et religieuses. Delacroix: la Barricade.	Révolution de Juillet : mouvements révolutionnaires en Europe. Prise d'Alger.

1831	*La Femme de trente ans* (I). *La Peau de chagrin*.	Victor Hugo : *Notre-Dame de Paris*; les *Feuilles d'automne*. Stendhal : *le Rouge et le Noir*. H. Heine : *Poésies*.	Ministère Casimir Perier. Troubles à Lyon. Soulèvements en Italie. Écrasement de la révolution polonaise.
1832	*Le Colonel Chabert. Le Curé de Tours. Louis Lambert*. Première lettre de Mᵐᵉ Hanska à Balzac.	Victor Hugo : *Le roi s'amuse* (interdit). Musset : *Un spectacle dans un fauteuil*. Vigny : *Stello*. G. Sand : *Indiana*. S. Pellico : *Mes prisons*. Goethe : second Faust, Lamartine en Orient. Mort de Goethe, de W. Scott.	Manifestations aux funérailles du général Lamarque et émeute parisienne du cloître Saint-Merri. Manifestations pour l'unité allemande à Hambach. Encyclique *Mirari vos* contre le catholicisme libéral.
1833	*Eugénie Grandet. Le Médecin de campagne. Séraphita*. Rencontre en Suisse de Mᵐᵉ Hanska.	Victor Hugo : *Lucrèce Borgia; Marie Tudor*. G. Sand : *Lélia*. Musset : *André del Sarto; les Caprices de Marianne; Rolla*. Michelet : *Histoire de France* (début de la publication). Rude : *la Marseillaise*.	Organisation de l'enseignement primaire par la loi Guizot. Création de la Société des droits de l'homme. Le sultan Mahmoud signe le traité de Kutaieh avec les Égyptiens, celui d'Unkiar-Skelessi avec le tsar.
1834	*Le Père Goriot* (I). *La Femme de trente ans* (II). *La Duchesse de Langeais. La Recherche de l'absolu*.	V. Hugo : *Littérature et philosophie mêlées; Claude Gueux*. Sainte-Beuve : *Volupté*. La Mennais condamné à Rome après les *Paroles d'un croyant*. Musset : *Fantasio; On ne badine pas avec l'amour; Lorenzaccio*.	Insurrections d'avril (Lyon et Paris). Quadruple-Alliance (Espagne, Portugal, Grande-Bretagne, France).
1835	*Le Père Goriot* (II). *Le Lys dans la vallée*. Premier retour de personnages antérieurs.	V. Hugo : *les Chants du crépuscule; Angelo*, Vigny : *Chatterton*. Musset : *Nuits de mai et de décembre*; *le Chandelier*. Conférences de Lacordaire.	Attentat de Fieschi (juillet). Lois répressives (septembre) concernant notamment la presse.
1836	*Mort de Mᵐᵉ de Berny. Le Cabinet des antiques* (I).	Chateaubriand : *Essai sur la littérature anglaise*. Musset : *la Confession d'un enfant du siècle*; *Il ne faut jurer de rien; la Nuit d'août; Stances à la Malibran*; première et deuxième *Lettres de Dupuis et Cotonet*. Lamartine : *Jocelyn*. Leopardi : *la Ginesta* (son dernier poème). Meyerbeer : *les Huguenots*.	Ministère Thiers.

1837	Installation aux Jardies. Nouveaux projets pour s'enrichir : nouvel échec. Illusions perdues (I). César Birotteau.	V. Hugo : les Voix intérieures. Musset : Un caprice; la Nuit d'octobre. Ch. Dickens : Oliver Twist. Thackeray : Yellowplush Papers. Rude : groupe du Départ des volontaires (Arc de triomphe). David d'Angers : fronton du Panthéon.	Traité de la Tafna : cession à Abd el-Kader des provinces d'Oran et d'Alger. Conquête de Constantine par Lamoricière.
1838	Le Cabinet des antiques (II). La Maison Nucingen. Le Curé de village (I).	V. Hugo : Ruy Blas. Lamartine : la Chute d'un ange. E. A. Poe : Arthur Gordon Pym.	Coalition contre Molé. Mort de Talleyrand.
1839	Béatrix. Le Cabinet des antiques (III). Illusions perdues (II). Le Curé de village (II). Splendeurs et misères des courtisanes (I).	Lamartine : Recueillements poétiques. Louis Blanc : l'Organisation du travail. Stendhal : la Chartreuse de Parme. Naissance de Cézanne.	Démission de Molé. Ministère Soult. Arrestation de Barbès et de Blanqui. Agitation chartiste en Angleterre.
1841	Balzac signe un contrat pour la publication de la Comédie humaine. Ursule Mirouët. Une ténébreuse affaire.	Musset : Souvenir; le Rhin allemand. Lamartine : la Marseillaise de la paix. Proudhon : Qu'est-ce que la propriété? Gogol : les Âmes mortes. Delacroix : Prise de Constantinople par les croisés. Loi de Joule sur l'énergie électrique.	Convention des Détroits. Prépondérance de Guizot dans le ministère Soult depuis octobre 1840. Aberdeen remplace Palmerston.
1842	Mort de M. Hanski. Première livraison de la Comédie humaine. Albert Savarus. La Rabouilleuse. Mémoires de deux jeunes mariées.	V. Hugo : le Rhin. Musset : Histoire d'un merle blanc. Aloysius Bertrand : Gaspard de la Nuit. E. Sue : les Mystères de Paris.	Protectorat français à Tahiti. Affaire Pritchard. Fin de la guerre de l'opium en Chine.
1843	Honorine. Illusions perdues (III). Voyage à Saint-Pétersbourg.	V. Hugo : les Burgraves. Lamartine : Voyage en Orient. Graziella. Nerval : le Devoir des catholiques. Montalembert : Logique. J. S. Mill : Logique. Macaulay : Essais critiques et historiques. R. Wagner : le Vaisseau fantôme.	Querelles scolaires. Lacordaire relève en France l'ordre des Dominicains. Prise de la smala d'Abd el-Kader. Les Britanniques au Natal.

	Balzac	Événements littéraires et artistiques	Événements historiques
1844	Modeste Mignon. Gaudissart (II). Les Paysans (I).	Vigny : la Maison du Berger. A. Dumas : les Trois Mousquetaires. Carlyle : Passé et Présent.	Conquête de l'Algérie ; bataille de l'Isly. Mazzini fonde la Jeune Europe, en collaboration avec les réfugiés politiques à Paris.
1845	Établissements du plan définitif de la Comédie humaine. Un homme d'affaires. Petites Misères de la vie conjugale. Balzac visite, avec Mme Hanska, l'Allemagne, la France, les Pays-Bas, l'Italie.	Musset : Il faut qu'une porte soit ouverte ou fermée. P. Mérimée : Carmen. Th. Gautier : España ; la Comédie de la mort. Baudelaire : le Salon de 1845. A. Dumas : Vingt Ans après. G. Sand : le Meunier d'Angibault. Kierkegaard : Étapes sur le chemin de la vie. Daumier : les Gens de justice. Wagner : Tannhäuser.	Hostilité de la Chambre à l'égard des congrégations. Guizot négocie avec le Vatican la fermeture des collèges des jésuites. Abolition de l'esclavage dans les colonies françaises. Conversion de Newman au catholicisme.
1846	La Cousine Bette. A Wiesbaden, Balzac assiste au mariage de la comtesse Anne, fille de Mme Hanska.	Michelet : le Peuple. G. Sand : la Mare au diable ; les Paysans. K. Marx : Misère de la philosophie. H. Berlioz : la Damnation de Faust. Le Verrier établit, par les calculs, l'existence de Neptune.	Retour au pouvoir de Palmerston. Abolition des droits sur les blés en Angleterre. Rupture de l'entente franco-anglaise. Avènement de Pie IX. Le catholicisme toléré en Chine.
1847	Le Cousin Pons. Le Député d'Arcis. Balzac a de sérieux soucis d'argent et de santé.	Lamartine : Histoire des Girondins. Michelet : Histoire de la Révolution. Musset : Un caprice. E. Brontë : les Hauts de Hurlevent.	Reddition d'Abd el-Kader. Campagne des banquets. Autonomie du Canada.
1848	Echec de sa candidature à l'Assemblée constituante.	A. Dumas fils : la Dame aux camélias. Mort de Chateaubriand ; publication des Mémoires d'outre-tombe. J. S. Mill : Principes d'économie politique. Thackeray : la Foire aux vanités. Claude Bernard découvre la fonction glycogénique du foie.	Révolution de Février en France ; proclamation de la IIe République. Mouvements révolutionnaires en Italie, dans l'Empire autrichien et en Allemagne.
1850	Mariage avec Mme Hanska. Mort de Balzac à Paris (18 août).	Naissance de G. de Maupassant. Bastiat : Harmonies économiques. N. Hawthorne : la Lettre écarlate. Courbet : l'Enterrement à Ornans. Liszt : Mazeppa.	Politique réactionnaire de l'Assemblée législative et du président L. N. Bonaparte. Vote de la loi Falloux ; loi sur la presse ; loi électorale. Rétablissement de la hiérarchie catholique en Angleterre.

Projet : 137 ouvrages ; 3 000 à 4 000 personnages.
Réalisation : 91 ouvrages ; 2 000 personnages.

	scènes de la vie privée	scènes de la vie de province	scènes de la vie parisienne	scènes de la vie politique
1829				
1830	Gobseck. La Maison du Chat-qui-pelote. Le Bal de Sceaux.			Un épisode sous la Terreur.
1831	La Femme de trente ans, I.		Sarrasine.	
1832	Le Colonel Chabert.	Le Curé de Tours.		
1833		Eugénie Grandet. L'Illustre Gaudissart.		
1834	Le Père Goriot, I. La Femme de 30 ans, II.		Ferragus. La Duchesse de Langeais.	
1835	Le Père Goriot, II. Le Contrat de mariage.		La Fille aux yeux d'or.	
1836	La Messe de l'athée.	Le Cabinet des antiques, I.	Facino Cane.	
1837		Illusions perdues, I. La Vieille Fille.	César Birotteau. Les Employés.	
1838		Le Cabinet des antiques, II.	La Maison Nucingen.	
1839	Béatrix.	Le Cabinet des antiques, III. Illusions perdues, II.	Splendeurs et misères des courtisanes, I.	
1840		Pierrette.		Z. Marcas.
1841	La Fausse Maîtresse.	Ursule Mirouët.		Une ténébreuse affaire.
1842	Mémoires de deux jeunes mariées. Albert Savarus.	La Rabouilleuse.	L'Envers de l'histoire contemporaine, I.	
1843	Honorine.	Illusions perdues, III.		
1844	Modeste Mignon.		Gaudissart II.	
1845			Un homme d'affaires.	
1846			La Cousine Bette.	
1847			Le Cousin Pons. Splendeurs et misères des courtisanes, II.	Le Député d'Arcis.
Posthumes			Splendeurs et misères des courtisanes, III. L'Envers de l'histoire contemporaine, II. Les Petits Bourgeois.	

Nous n'avons cité ici que les œuvres principales.

« Moi, j'aurais porté une société tout entière dans ma tête. »
(A Mme Hanska, 6 février 1844.)

DE MŒURS			III. ÉTUDES ANALYTIQUES
scènes de la vie militaire	scènes de la vie de campagne	II. ÉTUDES PHILOSOPHIQUES	
Les Chouans.			La Physiologie du mariage.
Une passion dans le désert.		Adieu. L'Elixir de longue vie.	
		La Peau de chagrin. Jésus-Christ en Flandre. Le Chef-d'œuvre inconnu. L'Auberge rouge. Les Proscrits. Les Marana, I.	
		Louis Lambert.	
	Le Médecin de campagne.	Séraphita. Les Marana, II.	
		La Recherche de l'absolu.	
	Le Lys dans la vallée.	Un drame au bord de la mer. Melmoth réconcilié.	
		L'Enfant maudit.	
	Le Curé de village, I.		
	Le Curé de village, II.	Massimilla Doni.	
		Sur Catherine de Médicis.	
	Les Paysans, I.		Petites Misères de la vie conjugale.
	Les Paysans, II.		

BIBLIOGRAPHIE SOMMAIRE

OUVRAGES GÉNÉRAUX SUR BALZAC

André Billy — *Vie de Balzac* (Paris, Flammarion, 1944).

Gaétan Picon — *Balzac par lui-même* (Paris, Éd. du Seuil, 1956).

Jacques Borel — *Personnages et destins balzaciens* (Paris, José Corti, 1959).

Geneviève Delattre — *les Opinions littéraires de Balzac* (thèse, Columbia University, 1960).

Jean Hervé Donnard — *Balzac : les réalités économiques et sociales dans « la Comédie humaine »* (Paris, A. Colin, 1961).

Léon-François Hoffmann — *Répertoire géographique de « la Comédie humaine »* (Paris, Corti, 1963-1968 ; 2 vol.).

André Wurmser — *la Comédie inhumaine* (Paris, Gallimard, 1964).

Marie Henriette Faillie — *la Femme et le Code civil dans « la Comédie humaine »* (Paris, Didier, 1968).

Félix Longaud — *Dictionnaire de Balzac* (Paris, Larousse, 1969).

Pierre Barbéris — *Balzac, une mythologie réaliste* (Paris, Larousse, collection « Thèmes et textes », 1971) ; — *le Monde de Balzac* (Paris, Arthaud, 1973).

Arlette Michel — *le Mariage chez Honoré de Balzac. Amours et féminisme* (Paris, les Belles-Lettres, 1978).

Maurice Bardèche — *Balzac* (Paris, Julliard, 1980).

Nicole Mozet — *la Ville de province dans l'œuvre de Balzac* (Sedes, 1982).

EUGÉNIE GRANDET
1833

NOTICE

CE QUI SE PASSAIT EN 1833

■ *EN POLITIQUE* : Louis-Philippe règne depuis 1830. Ministère de Broglie, Thiers et Guizot. Lamartine, qui rentre de son voyage en Orient, est élu député (mars). Loi Guizot sur l'enseignement primaire. En Algérie, début de la lutte d'Abd el-Kader contre la colonisation française.

■ *EN LITTÉRATURE* : Musset donne à la Revue des Deux Mondes André del Sarto, les Caprices de Marianne et Rolla. George Sand publie Lélia et Métella. Michelet donne les deux premiers volumes de l'Histoire de France. Mérimée publie Mosaïque, contes et nouvelles.

■ *AU THÉÂTRE* : Victor Hugo fait jouer Lucrèce Borgia (2 février) et Marie Tudor (6 novembre); Casimir Delavigne donne les Enfants d'Édouard; Scribe, Bertrand et Raton.

■ *DANS LES SCIENCES ET DANS LES ARTS* : Mort du mathématicien Legendre et du physicien Niepce. Gauss fait fonctionner le premier télégraphe électrique. — Le sculpteur Barye expose au Salon le Lion au serpent. Mort du musicien Herold. Auber fait jouer le Bal masqué.

GENÈSE ET PUBLICATION D' « EUGÉNIE GRANDET »

Balzac commença la rédaction d'*Eugénie Grandet* en juin ou en juillet 1833; il l'interrompit à la fin de septembre pour aller en Suisse, à Neuchâtel; il revint à Paris le 4 octobre et, le 13 octobre, il écrivait à Mᵐᵉ Hanska : « *Eugénie Grandet*, un de mes tableaux les plus achevés, est à moitié. J'en suis très content, *Eugénie Grandet* ne ressemble à rien de ce que j'ai fait jusqu'ici. Trouver *Eugénie Grandet* après *Madame Jules*, sans vanité, cela annonce du talent [...]. *Eugénie Grandet* est ravissante. » Il termina son travail le 30 novembre : les cent dernières pages furent écrites en dix jours.

La publication avait précédé l'achèvement du roman : le 19 septembre 1833, l'*Europe littéraire* reproduisait, à quelques pages près, le premier chapitre : mais un différend s'éleva entre Balzac et le directeur de la revue, qui ne poursuivit pas la publication. Le roman parut en librairie en décembre 1833 : il constituait le premier tome des *Scènes de la vie de province*, qui étaient une subdivision des *Études de mœurs au XIXe siècle* (titre qui fut remplacé par celui de *la Comédie humaine*). Dans la production romanesque de Balzac, *Eugénie Grandet* se place entre *le Colonel Chabert* et *le Curé de Tours*, publiés en 1832, et *le Père Goriot*, publié en 1834. Cette même année 1833, Balzac avait fait paraître aussi *le Médecin de campagne* et *l'Illustre Gaudissart*.

LES SOURCES D' « EUGÉNIE GRANDET »

Partant d'une phrase de Balzac répondant à sa sœur Laure : « Mais bête, puisque l'histoire est vraie, veux-tu que je fasse mieux que la vérité[1] ? », les érudits ont recherché les sources du roman. Le plus souvent, il semble que l'on ait pris au pied de la lettre l'affirmation que « l'histoire est vraie ». On a recherché à Saumur même un personnage réel qui ait pu servir de modèle pour le père Grandet. Mais P.-G. Castex, dans un article de la *Revue d'histoire littéraire de la France* (janvier-mars 1964), propose une autre direction de recherche, plus séduisante parce que plus vraisemblable. Les sources d'*Eugénie Grandet* seraient la convergence et l'amalgame d'un certain nombre de souvenirs de Balzac : « Quand, dans son appartement parisien, [l'auteur] mobilise les images qui s'organisent sous sa plume en une matière romanesque autonome, il va les puiser spontanément dans les zones familières de son expérience » (p. 87). *Eugénie Grandet* ferait, en réalité, partie d'un cycle tourangeau : Saumur, lieu de l'action, a été choisi par Balzac arbitrairement, mais avec le souci de pouvoir transposer sans invraisemblance des réminiscences et des traits d'observation concernant la région de Tours, qui lui était si familière. Quant aux personnages, qu'il nous suffise d'indiquer, à titre d'exemple, les sept noms cités par P.-G. Castex comme éléments constitutifs de Grandet, chacun donnant soit un de ses traits physiques ou moraux, soit tel aspect de sa situation financière en particulier : il s'agit de M. de Savary, de M. de Valesne, de Gabriel-François Coudreux, d'un médecin, vieil ami de la famille de Balzac, de Jacques Sondet, de Jean Margonne et de M. Dujai. On peut donc conclure avec P.-G. Castex (même article, p. 93) : « Aucune des pistes suivies par nous ne conduit exactement à l'*histoire vraie* que Balzac aurait racontée, s'il fallait prendre à la lettre le texte cité par Laure. Toutes mettent en lumière des aspects de son expérience, qu'il a pu mettre à profit et *fondre*, selon sa propre expression, *dans un seul tableau*. Balzac ne prétend pas *inventer*, mais il *synthétise*, selon le dessein et les nécessités de l'œuvre qu'il

---

1. Voir un extrait de cette lettre dans les Jugements, à la fin du deuxième volume.

entreprend : *La littérature se sert du procédé qu'emploie la peinture, qui, pour faire une belle figure, prend les mains de tel modèle, les pieds de tel autre, la poitrine de celui-ci, les épaules de celui-là. L'affaire du peintre est de donner la vie à ces membres choisis et de la rendre probable.* » (*Le Cabinet des antiques*, Préface.)

LES PERSONNAGES

En dépit du titre donné au roman, la personnalité la plus saillante est le **père Grandet.** Son avarice, qui combine le goût de la thésaurisation et la cupidité, en fait un passionné à froid. Tout le roman subit l'influence de sa puissance calculatrice. Son autorité se marque d'une façon directe par la tyrannie qu'il exerce sur toute la famille, allant jusqu'à séquestrer sa fille unique, et indirectement par la rivalité qui anime cruchotins et grassinistes pour obtenir « Eugénie et ses millions ». Au service de cette volonté dominatrice, Grandet met une activité inlassable et une intelligence froide, minutieuse dans ses calculs et dans la préparation de chaque affaire, un sens aigu de l'observation, qui sait aussitôt trouver le parti à tirer d'une situation, et beaucoup de ruse. Le vieillard parvient à une parfaite efficacité de ses moyens grâce au silence méfiant qu'il observe à l'égard de tous : ce n'est qu'au moment où il sent sa mort prochaine qu'il initie Eugénie à ses affaires courantes. Au point de vue moral, Grandet est d'une indifférence totale : hypocrite d'une manière habituelle, il est dépourvu de tout scrupule; le but poursuivi justifie n'importe quel moyen employé — comme en témoigne son attitude envers sa femme, à l'égard de qui il passe de l'indifférence aux soins les plus attentifs pour des considérations uniquement matérielles. Il va jusqu'au cynisme, essayant d'exploiter les sentiments religieux d'Eugénie et de sa mère pour obtenir ce qu'il veut. Au début du roman, il semble arrivé à l'apogée de sa puissance : l'amélioration de sa situation matérielle n'a plus rien d'une nécessité; mais l'accumulation de richesses supplémentaires devient pour lui une sorte de jeu gratuit, et il éprouve une joie de dilettante devant la réussite de ses combinaisons savantes; ainsi, lorsqu'il décide de s'occuper de l'héritage de son frère, il n'a rien à gagner personnellement. Il recherche seulement le plaisir de lutter contre des adversaires nombreux, apparemment bien armés et surtout auréolés du prestige de la capitale. Grandet les appelle d'ailleurs — non sans ironie — les *malins de Paris*. Enfin, il est absolument subjugué par sa passion de l'or; son avarice l'aliène totalement jusqu'à ses derniers instants, absorbés dans une jouissance purement contemplative, seule ressource qui reste à son désir de possession, alors que l'approche de la mort a brisé toute activité physique et intellectuelle.

Eugénie, sous la double contrainte de la passion exclusive de son père pour l'or et d'une vie provinciale étriquée, nous apparaît d'abord comme une jeune fille douce, religieuse, et dont la personnalité ne se dégage guère. Elle n'est, au début du roman, qu'une victime soumise. L'arrivée de son cousin révèle une partie de son caractère : sensibilité, générosité dans le cœur; sang-froid et volonté dans l'esprit. Lorsqu'elle s'oppose à son père, elle fait montre d'une énergie non dénuée d'habileté, capable d'atteindre jusqu'à l'héroïsme, comme lorsqu'elle menace de se tuer si Grandet porte la main sur le coffret de Charles. Pendant toute l'absence de ce dernier, son amour reste secret, fervent, associé au sentiment religieux ainsi qu'à un certain romanesque. Sous l'effet de l'âge et de l'infidélité de Charles, Eugénie achève d'évoluer, accentuant les traits que les événements antérieurs avaient fait apparaître : elle s'affirme d'une façon vengeresse contre le monde extérieur, soulignant intentionnellement sa ressemblance avec son père et donnant à Charles une leçon; en même temps, elle donne libre cours à son altruisme en assurant le bonheur de Nanon et en usant de sa fortune pour soulager les pauvres. Bien des traits de son caractère rappellent le père Grandet : elle n'est pas moins secrète que lui; sa passion est aussi exclusive que celle de son père, tout en ayant un autre objet. Et si Eugénie n'a pas souvent la possibilité de le montrer, elle se révèle également autoritaire en certaines circonstances : lorsqu'elle organise la réception que l'on doit faire à Charles, ou encore dans son attitude à l'égard du président de Bonfons, le soir où elle lui signifie à quelles conditions elle a choisi de l'épouser.

Mme Grandet, qui a en commun avec sa fille une grande ferveur religieuse, est un personnage d'importance secondaire : terrorisée par son mari, victime résignée, elle reçoit de la religion les seules consolations qu'elle puisse attendre de cette vie. Mais il y a en elle un autre aspect, positif et moins fatal. Balzac nous signale, ce qu'elle prouve ensuite, son observation patiente et parfois assez fine de son mari. Elle utilise ces dons pour aider Eugénie, et elle se montre capable, à l'occasion, d'énergie et de décision. C'est pour avoir tenu tête à Grandet qu'elle tombe malade; elle se réfugie dans le silence pour ne pas renseigner son époux sur la disparition du trésor d'Eugénie. Sa complicité avec cette dernière l'illumine un moment et souligne la puissance inhibitrice de Grandet sur les caractères sans fermeté.

Charles n'est qu'un médiocre. Après s'être montré ridicule par son affectation d'une supériorité purement vestimentaire, par son mépris systématique et superficiel pour tout ce qui l'entoure, il nous touche un moment par la douleur, sincère semble-t-il, qu'il montre en apprenant la mort de son père; la sympathie qu'éprouve le lecteur pour Eugénie rejaillit sur lui, malgré quelques réticences, lorsque s'ébauche leur idylle. Son ingratitude envers sa cousine ne nous étonne guère; ce que nous apprenons de ses trafics en terres lointaines confirme son absence de scrupules. C'est un ambitieux aussi acharné que son oncle, mais doué d'une intelligence limitée. Il fait, en réalité, une fortune assez facile, dont la rapidité l'éblouit au point qu'il éprouve aussitôt le besoin de se prouver son pouvoir : après l'argent, c'est un titre qu'il souhaite. Voilà pourquoi Mme d'Aubrion n'a pas de mal à capter sa confiance et à lui faire épouser sa fille. Charles est lié avant même son arrivée à Paris ; mais il aura payé cher son titre de noblesse : il a rencontré, en sa future belle-mère, plus fort que lui, et il regrettera sa légèreté à l'égard d'Eugénie — pour des raisons financières. Ce qui fait l'unité du personnage est le besoin qu'il ressent de s'imposer au monde : d'abord par l'étalage de son luxe, puis par la réussite dans les affaires, enfin par une alliance qui flatte sa vanité. Il représente la caricature des traits les plus accusés de son oncle, associés aux ridicules d'un dandy égaré à Saumur.

Parmi les personnages secondaires, se détache **Nanon**, l'incarnation de la fidélité à ses maîtres et du travail acharné ; Balzac n'en a pas fait une simple caricature, malgré quelques traits plaisants dont il la charge ; elle est bonne, dévouée à Eugénie par affection plus que par devoir, mais sans jamais trahir l'aveugle obéissance qu'elle voue à Grandet. Lorsqu'elle évoque ce que serait pour elle un mari, elle nous découvre toute une sensibilité émouvante.

Les deux groupes rivaux, les familles **Cruchot** et **Des Grassins**, ne sont pas non plus sans relief. Leur préoccupation dominante est d'obtenir la main — et les millions, comme le précise l'un d'eux — d'Eugénie. Mais chacun a sa tactique et trahit par là son caractère. Le notaire reste prudent, malgré l'importance de l'enjeu, et freine l'impétuosité du président, arriviste qui n'hésiterait pas à compromettre sa charge de magistrat par complaisance pour Grandet. Des Grassins conserve bien des traits du militaire qu'il a été ; à Paris, sa faiblesse de caractère l'entraînera dans une vie tumultueuse, en compagnie de son fils, qui n'est qu'un benêt. Parallèlement, Mme Des Grassins et l'abbé Cruchot usent de diplomatie et ne manquent pas d'habileté.

La famille **d'Aubrion** est campée d'une façon plus schématique. Le seul trait particulier du comte est le respect du nom qu'il porte. Sa femme, sorte d'aventurière, permettait à Balzac une étude plus approfondie, que son rôle, réduit, ne justifiait pas.

Enfin, à l'arrière-plan, toute une foule s'agite, juge et bavarde : la ville de Saumur commente les événements, et l'écho de ses propos souligne les caractéristiques du climat provincial.

LA TECHNIQUE DU ROMAN

Eugénie Grandet passe, auprès d'un certain nombre de critiques, pour le chef-d'œuvre du roman balzacien. Sans aller jusqu'à reconnaître à cette œuvre ce caractère exceptionnel, on ne peut lui dénier, au moins sur le plan technique, les qualités achevées du genre.

L'intrigue ne présente pas beaucoup d'originalité : il y a peu de surprises dans le déroulement de cette histoire sentimentale assez commune : le rêve d'Eugénie se heurte à l'incompréhension et au despotisme de son père, puis à l'indifférence et à l'oubli de Charles; de tels obstacles ne sont pas rares dans les romans de l'amour malheureux. C'est l'arrivée de Charles qui provoque dans la maison Grandet un double effet : pour Eugénie, la révélation de l'amour; chez Grandet, le désir de tenter une grande manœuvre financière destinée à liquider à son propre bénéfice la faillite de son frère mort. L'arrivée de Charles, qui vient rompre les habitudes de la famille Grandet, strictement réglées par la volonté impérieuse de son chef et par la monotonie de la vie provinciale, se produit en 1819, le soir même où l'on fête l'anniversaire d'Eugénie; les quelques journées qui s'écoulent de l'arrivée de Charles à son départ occupent à elles seules les trois quarts du roman. Racontés presque heure par heure, les faits, situés dans leur décor grâce aux descriptions préalables, s'enrichissent de portraits, de retours en arrière, de commentaires qui éclairent le présent en le chargeant de tout le poids du passé. Deux mois après ces événements mémorables, une nouvelle crise éclate : le jour de l'an 1820, Grandet découvre qu'Eugénie a donné son or à Charles et la condamne à la réclusion. Le troisième épisode dramatique se place en 1822, lorsque Grandet tente de s'emparer du nécessaire garni d'or laissé en dépôt par Charles à Eugénie; la scène de violence qui en résulte a pour conséquence, en octobre 1822, la mort de Mme Grandet, déjà affaiblie par la maladie. Cinq ans se passent, et c'est la mort de Grandet (1827). Cette année-là aussi, au mois de juin, Charles revient des Indes : le jour même où Eugénie apprend la trahison de celui qu'elle aime, elle se décide à épouser le président de Bonfons. Tout le monde à Saumur se demandait en 1819 qui deviendrait l'époux d'Eugénie Grandet : la question trouve sa réponse huit ans après.

On serait donc tenté de prêter une structure dramatique à *Eugénie Grandet;* les quelques grandes « journées » qui jalonnent le récit semblent concentrer en des moments privilégiés les phases d'une action qui marche à son dénouement. Cette impression se confirme encore du fait que tout se déroule dans un même décor, celui de la maison Grandet, immuablement fixée dans son atmosphère confinée. Cependant, malgré ces « épisodes », la continuité du temps est marquée à chaque instant par une chronologie rigoureuse. Le romancier-chroniqueur guide d'ailleurs le lecteur au milieu de la complexité des faits : ainsi, à la fin du chapitre IV, on suit, étape par étape, les ruses inventées par Grandet durant cinq ans pour user la patience des créanciers parisiens de son frère; le romancier prévient alors qu'on reverra ces créanciers « au moment où les événements de cette histoire les obligeront à y reparaître », et, au début du chapitre suivant, il revient en arrière pour rejoindre Eugénie et sa mère au lendemain du départ de Charles. Roman-drame et roman-chronique alternent, ou plutôt se combinent, dans *Eugénie*

Grandet; le temps se déroule plus vite, à mesure que le roman avance, puisque un quart de l'œuvre suffit à couvrir les événements depuis le départ de Charles jusqu'au mariage d'Eugénie; c'est que, tout au long des années, la monotonie de la vie provinciale, le perpétuel retour des habitudes quotidiennes ne laissent place à aucun fait saillant, sinon à ces « scènes » qui sont comme les échos de plus en plus lointains de ce grand bouleversement provoqué par la fugitive apparition de Charles dans la maison Grandet. Ainsi, la structure du roman et son rythme semblent déterminés par le sujet même qu'il traite. La réalité que prennent progressivement les personnages dans l'imagination de leur créateur explique cet accord, spontanément obtenu en dehors de toute théorie préconçue.

LA PSYCHOLOGIE

Il y a conflit entre Grandet et Eugénie, mais Balzac a évité la situation commune à tant de romans et de comédies, où un père interdit à sa fille tout projet de mariage avec celui qu'elle aime. Grandet ne saura jamais les promesses échangées entre Eugénie et Charles. Les soupçonne-t-il? Peu importe, puisqu'une telle union est pour lui inconcevable. Mais ce qu'il devine, c'est qu'Eugénie a donné son or à Charles. Ainsi, l'opposition entre père et fille naît du heurt de deux passions contraires : l'avarice et la générosité.

L'avarice de Grandet a pour aliment son instinct de rapacité. La vue de l'or déchaîne en lui une jouissance sauvage, une fureur de posséder qui ne s'éteindra qu'à son dernier souffle. Cet aspect animal d'une passion dévorante donne à Grandet des dimensions monstrueuses, qu'on retrouvera, nées de passions différentes, chez bien d'autres personnages balzaciens. L'obsession de l'or, qui touche parfois à la démence, est toutefois équilibrée par des traits plus traditionnels : les économies de bouts de chandelle et de morceaux de sucre, la méfiance continuelle et la crainte d'être volé sont les manifestations quotidiennes d'une parcimonie bourgeoise, qui soupçonne partout gaspillage et malhonnêteté. Mais Grandet est aussi un homme actif : l'expérience de la vie a guidé vers des buts positifs les tendances profondes de sa nature; l'appât du gain a fait de lui un homme d'affaires des plus habiles; qu'il s'agisse de vendre son vin, de tirer parti de ses terres, de liquider la faillite de son frère, Grandet tire le meilleur profit de la situation, sans jamais dépasser les bornes de ce qu'il convient d'appeler l' « honnêteté commerciale ». Ainsi s'accumulent sur lui tous les aspects de l'amour de l'argent. On pourrait croire qu'il y a contradiction entre les audaces du spéculateur et les angoisses du thésauriseur; il n'en est rien, car une passion exclusive conditionne tout son être. L'avarice déchaîne chez lui une fureur aveugle quand il craint de se voir dépossédé et une clairvoyance démoniaque quand il s'agit d'acquérir; l'avarice détourne à son profit tous ses sentiments : Grandet aime réellement sa fille, mais parce qu'elle est son *héritière*.

Quant à Eugénie, elle est dominée elle aussi par une passion exclusive, qui sommeillait en elle jusqu'au moment où Charles a fait son entrée dans la maison Grandet. L'amour est pour elle d'abord un acte de générosité; elle voudrait offrir à Charles tout ce dont il a besoin, elle rêve d'un avenir où comptent seuls les beaux sentiments; elle aime Charles non parce qu'elle est éblouie par les belles manières du dandy parisien, mais parce qu'il est ruiné. Les moments où elle se révolte contre son père, où elle tient bon contre lui, ce sont ceux où son désintéressement refuse de plier devant la cupidité de Grandet. Lorsque, les années s'écoulant, son rêve de bonheur s'estompe, elle ne renonce pas à cette noblesse d'âme, qui lui dicte de se consacrer tout entière à son père vieillissant. Devenue immensément riche à la mort de Grandet, mariée par raison à M. de Bonfons, puis devenue veuve, Eugénie reste fidèle à elle-même; privée de l'amour qui lui aurait permis de donner libre essor à son idéalisme, elle tourne sa générosité vers les bonnes œuvres et répand le bien autour d'elle.

La personne de Grandet domine tout le roman de sa puissance et de sa présence, et relègue au second plan l'héroïne du roman, tant il est vrai qu'il est plus facile de donner du relief au vice qu'à la vertu. L'un et l'autre incarnent des passions opposées; par certains aspects de son personnage, Grandet devient le type de l'avare, mais Eugénie n'est pas simplement le symbole de la générosité face à l'avarice. Car il y a malgré tout une ressemblance entre le père et la fille : Eugénie tient de son père un certain esprit pratique, un certain sens de l'autorité, un entêtement qui ont sans doute d'autres objets que la passion de Grandet, mais qui sont réels; ce qui était silence méfiant chez le père, est discrétion et repliement sur soi chez la fille. Devenue bienfaitrice de ses concitoyens, Eugénie « accumule soigneusement ses revenus, et peut-être semblerait-elle parcimonieuse si elle ne démentait la médisance par un noble emploi de sa fortune ». Ces liens de l'hérédité, à peine esquissés par Balzac, donnent aux personnages leur complexité vivante, mais c'est plus encore l'influence du milieu qui conditionne leur caractère.

LE RÉALISME

L'histoire d'Eugénie Grandet n'est concevable que dans une petite ville de province. Mille détails décrivent la vie étriquée, les rumeurs cancanières de Saumur. Grandet est le grand homme de Saumur, le plus riche, le plus redouté par sa rouerie en affaires; pourrait-il, s'il vivait à Paris, avoir autant de prestige et surtout préserver sa « grandeur » tout en menant aux yeux de tous un train de vie presque misérable? Les Saumurois ne se moquent pas de Grandet; sa ladrerie n'est après tout qu'une caricature de ces qualités d'économie, si prisées de la bourgeoisie provinciale. Le despotisme familial du maître de maison, la pieuse soumission de sa femme s'expliquent mieux dans un milieu social où les traditions morales et religieuses restent respectées. L'exaltation sentimentale d'Eugénie, sa révolte ont une naïveté romanesque qui sent la province; quand, devenue riche et veuve, elle devient la plus généreuse des dames patronesses, ses libéralités ne sont pas sans limite, car tout est à la mesure de la vie provinciale. D'un bout à l'autre du roman, la maison Grandet reste la même, mais elle n'est pas, après tout, si différente de celles qui l'entourent.

La destinée des Grandet est également inséparable de l'histoire de leur temps. Comme Goriot, Grandet, né vers 1750, appartient à la génération qui s'est enrichie à la faveur de la Révolution. L'artisan tonnelier a acheté des biens nationaux; l'exploitation fructueuse de ses terres a sans cesse accru ses revenus. Un nouveau domaine, celui de Froidfond, s'est ajouté à ses propriétés, mais ce n'est pas pour jouer au châtelain ni se parer d'un titre de noblesse, mais toujours pour s'enrichir. Ce n'est qu'assez tard que Grandet se décide à acheter des rentes d'État et, pour couronner toute son œuvre, à lancer la grande opération destinée à liquider la faillite de son frère au détriment des créanciers parisiens. Thésaurisation, profits commerciaux, spéculation financière, tous les aspects de l'enrichissement figurent dans la carrière de Grandet. Mais la province est toujours en retard sur Paris : ce qui paraît normal à un homme d'affaires parisien est pour le riche bourgeois provincial une affaire risquée : Grandet en est conscient, il multiplie les précautions pour ne pas échouer dans une entreprise où il va se mesurer avec les « malins de Paris »; son succès lui prouve qu'il est désormais aussi fort qu'eux. L'histoire de Grandet est donc liée à ce développement de la puissance de l'argent, que Balzac ne cesse de dénoncer. On a reproché au romancier d'avoir forcé les chiffres, et les dix-sept millions qu'a amassés Grandet à l'heure de sa mort ont paru n'avoir aucun rapport avec les possibilités réelles. Une telle fortune aurait été colossale pour l'époque, mais Balzac s'est justifié au cours même de son roman; avec précision, il note les étapes de cet accroissement gigantesque, et on ne saurait prendre en faute son arithmétique. La fortune de Grandet n'est ni plus ni moins imaginaire que le personnage; si l'on admet, dans son grossissement même, l'image que Balzac donne de la cupidité, si, en bref, on pénètre dans son univers romanesque, la réalité des chiffres reste à la mesure des créatures qu'il a imaginées.

CHAMBRE HABITÉE PAR BALZAC DE 1825 A 1827 RUE VISCONTI,
OÙ SE TROUVAIT SON IMPRIMERIE

PRÉFACE

« Il se rencontre, au fond des provinces, quelques têtes dignes d'une étude sérieuse, des caractères pleins d'originalité, des existences tranquilles à la superficie et que ravagent secrètement de tumultueuses passions, mais les aspérités les plus tranchées des caractères, mais les exaltations les plus passionnées finissent par s'y abolir dans la constante monotonie des mœurs. Aucun poëte n'a tenté de décrire les phénomènes de cette vie qui s'en va, s'adoucissant toujours. Pourquoi non? S'il y a de la poésie dans l'atmosphère de Paris où tourbillonne un *simoun*[1] qui enlève les fortunes et brise les cœurs, n'y en a-t-il donc pas aussi dans la lente action du *sirocco* de l'atmosphère provinciale qui détend les plus fiers courages, relâche les fibres, et désarme les passions de leur *acutesse*[2]? Si tout arrive à Paris, tout passe en province : là, ni relief, ni saillie; mais là, des drames dans le silence; là, des mystères habilement dissimulés; là, des dénouements dans un seul mot; là, d'énormes valeurs prêtées par le calcul et l'analyse aux actions les plus indifférentes. On y vit en public. **(1)**

« Si les peintres littéraires ont abandonné les admirables scènes de la vie de province, ce n'est ni par dédain, ni faute d'observation; peut-être y a-t-il impuissance. En effet, pour initier à un intérêt presque muet, qui gît moins dans l'action que dans la pensée; pour rendre des figures, au premier aspect peu colorées, mais dont les détails et les demi-teintes sollicitent les plus savantes touches du pinceau; pour restituer à ces tableaux leurs ombres grises et leur clair-obscur; pour sonder une nature creuse en apparence, mais que l'examen trouve pleine et riche sous une écorce unie, ne faut-il pas une multitude de préparations, des soins inouïs, et, pour de tels portraits, les finesses de la miniature antique?

« La superbe littérature de Paris, économe de ses heures, qu'au détriment de l'art, elle emploie en haines et en plaisirs, veut son drame tout fait; quant à le chercher, elle n'en a pas le loisir à une

---

1. *Simoun* : vent chaud et violent d'Afrique, de même que le *sirocco*; 2. *Acutesse* acuité, intensité.

———— **QUESTIONS** ————

1. Quelle est l'idée exprimée ici? Comparez ce passage aux descriptions préliminaires du premier chapitre, en essayant de montrer comment Balzac a su mettre en application ses idées. L'analyse de l'opposition entre une certaine vie parisienne et un aspect traditionnel de la vie de province vous paraît-elle juste?

époque où le temps manque aux événements; quant à le créer, si quelque auteur en émettait la prétention, cet acte viril exciterait des émeutes dans une république où, depuis longtemps, il est défendu, de par la critique des eunuques, d'inventer une forme, un genre, une action quelconques. **(2)**

« Ces observations étaient nécessaires, et pour faire connaître la modeste intention de l'auteur, qui ne veut être ici que le plus humble des copistes, et pour établir incontestablement son droit à prodiguer les longueurs exigées par le cercle de minuties dans lequel il est obligé de se mouvoir. Enfin, au moment où l'on donne aux œuvres les plus éphémères le glorieux nom de CONTE, qui ne doit appartenir qu'aux créations les plus vivaces de l'art, il lui sera sans doute pardonné de descendre aux mesquines proportions de l'histoire, l'histoire vulgaire, le récit pur et simple de ce qui se voit tous les jours en province.

« Plus tard, il apportera son grain de sable au tas élevé par les manœuvres de l'époque; aujourd'hui, le pauvre artiste n'a saisi qu'un de ces fils blancs[1] promenés dans les airs par la brise, et dont s'amusent les enfants, les jeunes filles, les poètes; dont les savants ne se soucient guère, mais que, dit-on, laisse tomber de sa quenouille une céleste fileuse. Prenez garde! Il y a des *moralités* dans cette tradition champêtre. Aussi, l'auteur en fait-il son épigraphe. Il vous montrera comment, durant la belle saison de la vie, certaines illusions, de blanches espérances, des fils argentés descendent des cieux et y retournent sans avoir touché terre. » **(3) (4)**

Septembre 1833.

---

1. Les fils de la Vierge.

QUESTIONS
---

2. Que cherche à démontrer Balzac ici? Montrez ce qu'il y a de polémique dans le dernier paragraphe du passage. Contre qui sont dirigées ces attaques? Sont-elles justifiées? L'orgueil de l'auteur : ses manifestations; montrez qu'il porte sur le dessein, non sur le résultat obtenu.

3. Intention de l'auteur dans son roman, d'après ces lignes. Le paradoxe apparent : comment concilier histoire et poésie? Rattachez la *moralité*, au sens employé ici et que vous définirez, aux autres préoccupations de l'auteur.

4. SUR L'ENSEMBLE DE LA PRÉFACE. — Reliez les idées exprimées ici à l'avant-propos de *la Comédie humaine.*

— Comparez Préface et Postface dans les intentions et dans le ton.

— Le roman vous paraît-il s'harmoniser avec ces commentaires?

EUGÉNIE GRANDET

A MARIA[1]

> Que votre nom, vous dont le portrait est le plus bel ornement
> de cet ouvrage, soit ici comme une branche de buis bénit, prise
> on ne sait à quel arbre, mais certainement sanctifiée par la reli-
> gion et renouvelée, toujours verte, par des mains pieuses, pour
> protéger la maison.

DE BALZAC.

I

[scènes de la vie provinciale (après Napoléon)]

PHYSIONOMIES BOURGEOISES

Il se trouve dans certaines villes de province des maisons
dont la vue inspire une mélancolie égale à celle que provoquent
les cloîtres les plus sombres, les landes les plus ternes ou les
ruines les plus tristes. Peut-être y a-t-il à la fois dans ces maisons
5 et le silence du cloître, et l'aridité des landes, et les ossements
des ruines : la vie et le mouvement y sont si tranquilles qu'un
étranger les croirait inhabitées, s'il ne rencontrait tout à coup
le regard pâle et froid d'une personne immobile dont la figure
à demi monastique dépasse l'appui de la croisée, au bruit d'un
10 pas inconnu.

Ces principes de mélancolie existent dans la physionomie[2]
d'un logis situé à Saumur, au bout de la rue montueuse[3] qui
mène au château, par le haut de la ville. Cette rue, maintenant
peu fréquentée, chaude en été, froide en hiver, obscure en
15 quelques endroits, est remarquable par la sonorité de son
petit pavé cailouteux, toujours propre et sec, par l'étroitesse
de sa voie tortueuse, par la paix de ses maisons qui appar-

---

1. La personnalité de cette Maria resta longtemps mystérieuse; André Chancerel
et Roger Pierrot, en 1955, pensent avoir trouvé qu'il s'agit de Maria du Fresnay, à
qui Balzac fut lié en 1833; 2. *Physionomie :* aspect qui résulte de l'ensemble du logis;
3. L'actuelle rue du Fort.

tiennent à la vieille ville, et que dominent les remparts. (1)

Des habitations trois fois séculaires y sont encore solides
20 quoique construites en bois, et leurs divers aspects contri-
buent à l'originalité qui recommande cette partie de Saumur
à l'attention des antiquaires et des artistes. Il est difficile de
passer devant ces maisons sans admirer les énormes madriers
dont les bouts sont taillés en figures bizarres, et qui couronnent
25 d'un bas-relief noir le rez-de-chaussée de la plupart d'entre elles.

Ici, des pièces de bois transversales sont couvertes en ardoises
et dessinent des lignes bleues sur les frêles murailles d'un logis
terminé par un toit en colombage[1] que les ans ont fait plier,
dont les bardeaux[2] pourris ont été tordus par l'action alternative
30 de la pluie et du soleil[3]. Là se présentent des appuis de fenêtre
usés, noircis, dont les délicates sculptures se voient à peine,
et qui semblent trop légers pour le pot d'argile brune d'où
s'élancent les œillets ou les rosiers d'une pauvre ouvrière.
Plus loin, c'est des portes garnies de clous énormes où le génie[4]
35 de nos ancêtres a tracé des hiéroglyphes domestiques[5] dont
le sens ne se retrouvera jamais. Tantôt un protestant y a signé
sa foi, tantôt un ligueur[6] y a maudit Henri IV. Quelque bourgeois y a gravé les insignes de sa *noblesse de cloches*[7], la gloire
de son échevinage oublié. L'histoire de France est là tout
40 entière. A côté de la tremblante maison à pans hourdés[8] où

---

1. *Colombage* : ici, rangée de solives; 2. *Bardeaux* : minces planches de bois en
forme de tuiles, qui servent de couverture; 3. *Var.* : « [dont] la pluie, le soleil et le
changement de temps ont tordu les bardeaux pourris » (*l'Europe littéraire*, 1833);
« [dont] les bardeaux pourris ont été tordus par la pluie et par le soleil » (1834);
4. *Génie* : ingéniosité, esprit inventif; 5. *Hiéroglyphes domestiques* : inscriptions
faites à propos d'événements de la vie privée, et dont le sens est devenu aussi mystérieux que celui des hiéroglyphes égyptiens (l'est resté longtemps. Champollion
déchiffra ces derniers en 1822, donc après le moment où se passe l'action et avant
la publication du roman; 6. *Ligueur* : membre de la Ligue catholique sous Henri III
et Henri IV. Les guerres de religion furent très vives à Saumur; sous Henri IV, la
ville, gouvernée par Duplessis-Mornay, resta un des centres importants du protes-
tantisme; 7. *Noblesse de cloches* ou *noblesse de la cloche* : « Nom que l'on donnait
aux descendants des maires et des échevins, maîtres, en leur qualité d'officiers municipaux, de la cloche de la commune, et anoblis en certaines villes par quelques charges
municipales » (Littré); 8. *Hourdé* : maçonné avec des moellons et du plâtras.

QUESTIONS

1. Quelle atmosphère l'auteur veut-il créer ici? Précisez la signification que prend ici le mot *mélancolie*. — Pourquoi Balzac donne-
t-il des indications générales sur *certaines villes de province* avant
de prendre l'exemple de Saumur? Rattachez cette méthode au dessein
de *la Comédie humaine* et, plus précisément, reportez-vous à la Préface
et à la Postface d'*Eugénie Grandet* : quelle signification et quelle portée
doit prendre ce roman?

l'artisan a déifié[1] son rabot, s'élève l'hôtel d'un gentilhomme
où sur le plein cintre[2] de la porte en pierre se voient encore
quelques vestiges de ses armes, brisées par les diverses révolutions
qui depuis 1789 ont agité le pays. (**2**)

45   Dans cette rue, les rez-de-chaussée commerçants ne sont ni
des boutiques ni des magasins, les amis du moyen âge y retrou-
veraient l'ouvrouère[3] de nos pères en toute sa naïve simplicité. Ces salles basses, qui n'ont ni devanture, ni montre[4], ni
vitrages, sont profondes, obscures et sans ornements extérieurs
50 ou intérieurs. Leur porte est ouverte en deux parties pleines,
grossièrement ferrées, dont la supérieure se replie intérieurement, et dont l'inférieure armée d'une sonnette à ressort va
et vient constamment. L'air et le jour arrivent à cette espèce
d'antre humide ou par le haut de la porte ou par l'espace qui
55 se trouve entre la voûte, le plancher et le petit mur à hauteur
d'appui dans lequel s'encastrent de solides volets, ôtés le matin,
remis et maintenus le soir avec des barres de fer boulonnées.
Ce mur sert à étaler les marchandises du négociant. Là, nul
charlatanisme. Suivant la nature du commerce, les échantillons
60 consistent en deux ou trois baquets pleins de sel et de morue,
en quelques paquets de toile à voiles, des cordages, du laiton
pendu aux solives du plancher, des cercles le long des murs,
ou quelques pièces de drap sur des rayons.
        Entrez. Une fille propre, pimpante de jeunesse, au blanc
65 fichu, aux bras rouges, quitte son tricot, appelle son père ou
sa mère, qui vient et vous vend à vos souhaits, flegmatiquement,
complaisamment, arrogamment, selon son caractère, soit pour
deux sous, soit pour vingt mille francs de marchandise.
        Vous verrez un marchand de merrain[5] assis à sa porte et
70 qui tourne ses pouces en causant avec un voisin; il ne possède
en apparence que de mauvaises planches à bouteilles et deux
ou trois paquets de lattes, mais sur le port son chantier plein

---

    1. *Déifier son rabot* : l'élever à une noblesse presque divine (en l'utilisant à des
travaux d'art, à des chefs-d'œuvre); **2.** *Plein cintre* : arc en demi-cercle parfait;
3. *Ouvrouère* (ancienne orthographe du mot *ouvroir*) : salle de travail en commun;
4. *Montre* : boîte à étalage; **5.** *Merrain* : bois préparé pour faire les douves des tonneaux.

■ **QUESTIONS**

    2. Quel est le caractère dominant qui se dégage de cette description?
Balzac n'a-t-il que le souci de décrire des curiosités pittoresques ou
cherche-t-il à préciser un aspect original de Saumur? — Relevez les termes
techniques en montrant la richesse et la précision du vocabulaire
descriptif. — Cherchez les détails par lesquels le romancier a donné une
certaine personnalité à chacune des maisons décrites.

fournit tous les tonneliers de l'Anjou; il sait, à une planche
près, combien il *peut*[1] de tonneaux si la récolte est bonne;
75 un coup de soleil l'enrichit, un temps de pluie le ruine : en
une seule matinée, les poinçons[2] valent onze francs ou tombent
à six livres. (3)

Dans ce pays, comme en Touraine, les vicissitudes de l'atmosphère dominent la vie commerciale. Vignerons, propriétaires,
80 marchands de bois, tonneliers, aubergistes, mariniers sont tous
à l'affût d'un rayon de soleil; ils tremblent en se couchant le
soir d'apprendre le lendemain matin qu'il a gelé pendant la
nuit; ils redoutent la pluie, le vent, la sécheresse, et veulent
de l'eau, du chaud, des nuages, à leur fantaisie. Il y a un duel
85 constant entre le ciel et les intérêts terrestres. Le baromètre
attriste, déride, égaye tour à tour les physionomies.

D'un bout à l'autre de cette rue, l'ancienne Grand'Rue de
Saumur, ces mots « Voilà un temps d'or! » se chiffrent[3] de
porte en porte. Aussi chacun répond-il au voisin : « Il pleut
90 des louis! » en sachant ce qu'un rayon de soleil, ce qu'une
pluie opportune lui en apporte. Le samedi, vers midi, dans
la belle saison, vous n'obtiendriez pas pour un sou de marchandise chez ces braves industriels[4]. Chacun a sa vigne, sa
closerie[5], et va passer deux jours à la campagne. Là[6], tout étant
95 prévu, l'achat, la vente, le profit, les commerçants se trouvent
avoir dix heures sur douze à employer en joyeuses parties,
en observations, commentaires, espionnages continuels. Une
ménagère n'achète pas une perdrix sans que les voisins ne
demandent au mari si elle était cuite à point. Une jeune fille
100 ne met pas la tête à sa fenêtre sans y être vue par tous les groupes
inoccupés. Là donc, les consciences sont à jour, de même que

---

1. Combien il peut vendre. *Pouvoir* s'emploie souvent avec le sens absolu dans le
langage commercial; 2. *Poinçon :* tonneau pour le vin, de la contenance de deux tiers
de muid environ. La valeur du muid variant avec les régions, celle du poinçon oscille
entre 200 et 250 litres; 3. *Se chiffrer :* donner lieu à des calculs de gains; 4. *Industriel :*
celui qui exerce une activité lucrative (sens large); ce terme s'applique ici aussi bien
aux agriculteurs qu'aux commerçants ou aux fabricants d'objets manufacturés;
5. *Closerie :* petite exploitation rurale; 6. *Là :* c'est-à-dire dans la rue de Saumur
en question.

─── QUESTIONS ───

3. Par quels moyens successifs Balzac tente-t-il d'évoquer le commerce
de Saumur? Quel caractère souligne-t-il d'abord par sa description des
lieux? Soulignez l'importance de ce fait pour l'atmosphère du roman.
— Quel état d'esprit, chez les commerçants et les acheteurs, se traduit
par une apparente désinvolture? Comparez avec le commerce d'une
grande ville.

ces maisons impénétrables, noires et silencieuses, n'ont point de mystères.

La vie est presque toujours en plein air : chaque ménage
105 s'assied à sa porte, y déjeune, y dîne, s'y dispute. Il ne passe personne dans la rue qui ne soit étudié. Aussi, jadis, quand un étranger arrivait dans une ville de province, était-il gaussé[1] de porte en porte. De là les bons contes, de là le surnom de *copieux*[2] donné aux habitants d'Angers, qui excellaient à ces
110 railleries urbaines.

Les anciens hôtels de la vieille ville sont situés en haut de cette rue, jadis habitée par les gentilshommes du pays. La maison, pleine de mélancolie, où se sont accomplis les événements de cette histoire, était précisément un de ces logis, restes
115 vénérables d'un siècle où les choses et les hommes avaient ce caractère de simplicité que les mœurs françaises perdent de jour en jour.

Après avoir suivi les détours de ce chemin pittoresque, dont les moindres accidents réveillent des souvenirs et dont l'effet
120 général tend à plonger dans une sorte de rêverie machinale, vous apercevez un renfoncement assez sombre, au centre duquel est cachée la porte de la maison à[3] M. Grandet. (4)

Il est impossible de comprendre la valeur de cette expression provinciale sans donner la biographie de M. Grandet.

125 M. Grandet jouissait à Saumur d'une réputation dont les causes et les effets ne seront pas entièrement compris par les personnes qui n'ont point, peu ou prou, vécu en province. M. Grandet, encore nommé par certaines gens le père Grandet, mais le nombre de ces vieillards diminuait sensiblement, était
130 en 1789 un maître tonnelier fort à son aise, sachant lire, écrire et compter. Lorsque la République française mit en vente[4], dans

---

1. *Gausser :* railler; 2. *Copieux :* qui « copie », contrefait les gens par moquerie (terme des XVᵉ et XVIᵉ siècles, selon Littré); 3. L'emploi de la préposition *à* pour marquer la possession donne à l'expression un tour familier. 4. Le décret du 2 novembre 1789, complété par celui du 14 mai 1790, mit les biens ecclésiastiques à la disposition de la nation. La vente commença au début de 1791.

QUESTIONS

4. Dégagez les grandes lignes de la psychologie des Saumurois d'après ce passage. — Quelles sont leurs préoccupations dominantes? leurs distractions? Cette mentalité de petite ville a-t-elle complètement disparu? Comment s'explique le paradoxe apparent des *maisons impénétrables, noires et silencieuses* (qui) *n'ont pas de mystères* (lignes 102-103)? — Par quel moyen Balzac nous fait-il passer de la description générale de Saumur à la personne de Grandet?

l'arrondissement de Saumur, les biens du clergé, le tonnelier, alors âgé de quarante ans, venait d'épouser la fille d'un riche marchand de planches. Grandet alla, muni de sa fortune liquide
135 et de la dot, muni de deux mille louis d'or[1], au district[2], où, moyennant deux cents doubles louis offerts par son beau-père au farouche républicain qui surveillait la vente des domaines nationaux, il eut pour un morceau de pain, légalement, sinon légitimement, les plus beaux vignobles de l'arrondissement,
140 une vieille abbaye et quelques métairies.

Les habitants de Saumur étant peu révolutionnaires, le père Grandet passa pour un homme hardi, un républicain, un patriote, pour un esprit qui donnait dans les nouvelles idées, tandis que le tonnelier donnait tout bonnement dans les vignes.
145 Il fut nommé membre de l'administration du district de Saumur, et son influence pacifique s'y fit sentir politiquement et commercialement. Politiquement, il protégea les ci-devant[3] et empêcha de tout son pouvoir la vente des biens des émigrés[4]; commercialement, il fournit aux armées républicaines un ou
150 deux milliers de pièces de vin blanc, et se fit payer en superbes prairies dépendant d'une communauté de femmes que l'on avait réservée pour un dernier lot. Sous le Consulat, le bonhomme Grandet devint maire, administra sagement, vendangea mieux encore; sous l'Empire, il fut M. Grandet. Napoléon
155 n'aimait pas les républicains : il remplaça M. Grandet, qui passait pour avoir porté le bonnet rouge, par un grand propriétaire, un homme à particule, un futur baron de l'Empire. M. Grandet quitta les honneurs municipaux sans aucun regret. Il avait fait faire, dans l'intérêt de la ville, d'excellents chemins
160 qui menaient à ses propriétés. Sa maison et ses biens, très avantageusement cadastrés[5], payaient des impôts modérés. Depuis le classement[6] de ses différents clos, ses vignes, grâce à des soins constants, étaient devenues la *tête* du pays, mot technique en usage pour indiquer les vignobles qui produisent

---

1. Le *louis d'or*, frappé à partir du règne de Louis XIII, valait à l'origine 10 livres; il valait 20 livres, soit 20 francs, depuis la Révolution. **2.** *District :* subdivision du département, moins étendue que l'arrondissement actuel, établie par la loi du 22 décembre 1789; **3.** *Ci-devant :* anciens nobles, dans le langage révolutionnaire; **4.** Cette vente fut ordonnée par le décret du 14 août 1792; **5.** Le cadastre est un registre public où se trouvent mentionnées la situation, l'étendue et la valeur de chaque propriété foncière, en vue de permettre l'assiette de l'impôt; **6.** Dans les pays à vignobles, les exploitations sont classées d'après la qualité du vin qu'elles produisent.

165 la première qualité de vin. Il aurait pu demander la croix de
la Légion d'honneur. **(5)**

Cet événement[1] eut lieu en 1806. M. Grandet avait
alors cinquante-sept ans, et sa femme environ trente-six.
Une fille unique, fruit de leurs légitimes amours, était âgée de
dix ans.

170 M. Grandet, que la Providence voulut sans doute consoler
de sa disgrâce administrative, hérita successivement pendant
cette année de madame de La Gaudinière, née de La Bertellière,
mère de madame Grandet; puis du vieux M. de La Bertellière,
père de la défunte; et encore de madame Gentillet, grand'mère
175 du côté maternel : trois successions dont l'importance ne fut
connue de personne. L'avarice de ces trois vieillards était si
passionnée que depuis longtemps ils entassaient leur argent
pour pouvoir le contempler secrètement. Le vieux M. de La
Bertellière appelait un placement une prodigalité, trouvant de
180 plus gros intérêts dans l'aspect de l'or que dans les bénéfices
de l'usure. La ville de Saumur présuma donc la valeur des
économies d'après les revenus des biens au soleil[2].

M. Grandet obtint alors le nouveau titre de noblesse que
notre manie d'égalité n'effacera jamais, il devint *le plus imposé*
185 de l'arrondissement. Il exploitait cent arpents[3] de vignes, qui,
dans les années plantureuses, lui donnaient sept à huit cents
poinçons[4] de vin. Il possédait treize métairies, une vieille
abbaye, où, par économie, il avait muré les croisées[5], les ogives,
les vitraux, ce qui les conserva; et cent vingt-sept arpents de
190 prairies où croissaient et grossissaient trois mille peupliers
plantés en 1793. Enfin la maison dans laquelle il demeurait
était la sienne.

---

1. La disgrâce administrative de Grandet; **2.** Ceux qui ne peuvent être dissimulés
(maisons, terres, etc.); **3.** *Arpent* : ancienne mesure agraire valant de 30 à 51 ares,
selon les pays. *Var. :* « cent quarante arpents »; « mille à douze cents poinçons »;
4. *Poinçon :* voir page 28, note 2; **5.** Pour ne pas payer les impôts sur les portes et les
fenêtres, institués pour frapper les demeures luxueuses.

QUESTIONS

5. La biographie de Grandet : retracez-en les différentes étapes. Était-il
pauvre au départ? — De quel niveau sont ses connaissances intellectuelles?
En quoi son degré d'instruction a-t-il pu lui être utile, si on se replace
à l'époque où se passent les événements? — Quelle est l'importance de
son mariage pour ses débuts? — Caractérisez son attitude sous les différents régimes. Comment utilise-t-il ses responsabilités administratives? En
quoi consiste l'opportunisme de Grandet? — Importance de ce passage
pour l'histoire de la société française sous la Révolution et l'Empire. Balzac
laisse-t-il transparaître ce qu'il pense de cette évolution politique et sociale?

Ainsi établissait-on sa fortune visible. Quant à ses capitaux, deux seules personnes pouvaient vaguement en présumer l'im-
195 portance : l'une était M. Cruchot, notaire, chargé des place-
ments usuraires de M. Grandet; l'autre, M. Des Grassins, le
plus riche banquier de Saumur, aux bénéfices duquel le vigneron participait à sa convenance et secrètement. Quoique le
vieux Cruchot et M. Des Grassins possédassent cette profonde
200 discrétion qui engendre en province la confiance et la fortune,
ils témoignaient publiquement à M. Grandet un si grand respect
que les observateurs pouvaient mesurer l'étendue des capitaux
de l'ancien maire d'après la portée de l'obséquieuse considération dont il était l'objet.

205 Il n'y avait dans Saumur personne qui ne fût persuadé que
M. Grandet n'eût un trésor particulier, une cachette pleine de
louis et ne se donnât nuitamment les ineffables jouissances
que procure la vue d'une grande masse d'or (6). Les avaricieux
en avaient une sorte de certitude en voyant les yeux du bon-
210 homme, auxquels le métal jaune semblait avoir communiqué
ses teintes. Le regard d'un homme accoutumé à tirer de ses capitaux un intérêt énorme contracte nécessairement, comme celui
du voluptueux, du joueur ou du courtisan, certaines habitudes
indéfinissables, des mouvements furtifs, avides, mystérieux, qui
215 n'échappent point à ses coreligionnaires. Ce langage secret
forme en quelque sorte la franc-maçonnerie des passions. (7)

M. Grandet inspirait donc l'estime respectueuse à laquelle
avait droit un homme qui ne devait jamais rien à personne,
qui, vieux tonnelier, vieux vigneron, devinait avec la préci-
220 sion d'un astronome quand il fallait fabriquer pour sa récolte
mille poinçons ou seulement cinq cents; qui ne manquait pas

──────── **QUESTIONS** ────────

6. La fortune de Grandet : de quoi se compose-t-elle? Quelle remarque
inspire le contraste entre le détail précis de ses biens immobiliers et l'im-
précision concernant ses capitaux? — Quels détails nous avertissent déjà
de son avarice? Quel intérêt Grandet avait-il à laisser ignorer sa fortune
exacte? — Montrez que les héritages faits par le vigneron sont en même
temps la marque d'une sorte d'hérédité : quelles ressemblances peut-on
noter entre l'attitude de *ces trois vieillards* (ligne 176) et celle de Grandet?
Grandet a-t-il leur méfiance à l'égard des placements et de l'usure? Quelle
conclusion en tirer?

7. Quel est l'intérêt de ces commentaires de Balzac? Rapprochez ce
procédé — courant dans le récit — de l'idée de composer un ensemble
cohérent, *la Comédie humaine*. Dégagez de ce passage un des aspects
fondamentaux de la psychologie sociale chez Balzac.

une seule spéculation, avait toujours des tonneaux à vendre
alors que le tonneau valait plus cher que la denrée à recueillir,
pouvait mettre sa vendange dans ses celliers et attendre le
225 moment de livrer son poinçon à deux cents francs quand les
petits propriétaires donnaient le leur à cinq louis. Sa fameuse
récolte de 1811[1], sagement serrée, lentement vendue, lui avait
rapporté plus de deux cent quarante mille livres. Financièrement
parlant, M. Grandet tenait du tigre et du boa : il savait se
230 coucher, se blottir, envisager[2] longtemps sa proie, sauter dessus;
puis il ouvrait la gueule de sa bourse, y engloutissait une charge
d'écus et se couchait tranquillement, comme le serpent qui
digère, impassible, froid, méthodique.

Personne ne le voyait passer sans éprouver un sentiment
235 d'admiration mélangé de respect et de terreur. Chacun dans
Saumur n'avait-il pas senti le déchirement poli[3] de ses griffes
d'acier? à celui-ci maître Cruchot avait procuré l'argent nécessaire à l'achat d'un domaine, mais à onze pour cent; à celui-là
M. Des Grassins avait escompté des traites[4], mais avec un
240 effroyable prélèvement d'intérêts (8). Il s'écoulait peu de jours
sans que le nom de M. Grandet fût prononcé, soit au marché,
soit pendant les soirées dans les conversations de la ville.
Pour quelques personnes, la fortune du vieux vigneron était l'objet
d'un orgueil patriotique. Aussi plus d'un négociant, plus d'un
245 aubergiste disaient-ils aux étrangers, avec un certain contentement :

« Monsieur, nous avons ici deux ou trois maisons million-
naires; mais, quant à M. Grandet, il ne connaît pas lui-même
sa fortune! »
250 En 1816, les plus habiles calculateurs de Saumur estimaient

---

1. La célèbre *année de la comète*; 2. *Envisager* : regarder fixement au visage; 3. *Poli* :
lisse. Cet adjectif, par le sens, se rapporte à *griffes* plutôt qu'à déchirement; 4. Le
banquier avait remboursé, au nom de son client, des engagements de paiement (les
traites), que celui-ci n'aurait pu honorer à temps.

───── **QUESTIONS** ─────

8. Quels nouveaux traits psychologiques apparaissent ici? La prévoyance
de Grandet n'a-t-elle pas quelque chose d'extraordinaire? Est-elle seulement fondée sur une longue expérience de son métier? — La comparaison
de Grandet avec le tigre et le boa vous paraît-elle déplacée? A quelle
vision du monde humain, chère à Balzac, correspond-elle? — Quels
sentiments Grandet inspire-t-il? Comparez la première phrase du paragraphe précédent (lignes 217-226) et la première phrase de celui-ci
(lignes 234-235); justifiez la nuance; cherchez ce qui l'explique.

les biens territoriaux du bonhomme à près de quatre millions[1];
mais, comme terme[2] moyen, il avait dû tirer par an, depuis
1793 jusqu'en 1817, cent mille francs de ses propriétés, il était
présumable qu'il possédait en argent une somme presque
255 égale à celle de ses biens-fonds[3]. Aussi, lorsque, après une partie
de boston[4] ou quelque entretien sur les vignes, on venait à
parler de M. Grandet, les gens capables disaient-ils : « Le
père Grandet?... le père Grandet doit avoir cinq à six millions.
— Vous êtes plus habile que je ne le suis, je n'ai jamais pu
260 savoir le total », répondaient M. Cruchot ou M. Des Grassins,
s'ils entendaient le propos.
Quelque Parisien parlait-il des Rothschild ou de M. Laffitte[5],
les gens de Saumur demandaient s'ils étaient aussi riches que
M. Grandet. Si le Parisien leur jetait en souriant une dédai-
265 gneuse affirmation, ils se regardaient en hochant la tête d'un
air d'incrédulité. **(9)**
Une si grande fortune couvrait d'un manteau d'or toutes
les actions de cet homme. Si d'abord quelques particularités
de sa vie donnèrent prise au ridicule et à la moquerie, la moquerie
270 et le ridicule s'étaient usés. En ses moindres actes, M. Grandet
avait pour lui l'autorité de la chose jugée. Sa parole, son vête-
ment, ses gestes, le clignement de ses yeux faisaient loi dans le
pays, où chacun, après l'avoir étudié comme un naturaliste
étudie les effets de l'instinct chez les animaux, avait pu recon-
275 naître la profonde et muette sagesse de ses plus légers mouvements.

---

1. La rédaction primitive, publiée dans l'*Europe littéraire*, portait seulement « deux
millions et demi »; l'édition de 1834 portait « trois millions et demi »; celle de 1839,
« trois millions »; 2. *Terme* : revenu; 3. *Biens-fonds* : immeubles (terres, maisons);
4. *Boston* : jeu de cartes; 5. Ces *Rothschild* étaient les fils du célèbre fondateur de la
dynastie, Meyer Amschel Rothschild, banquier à Francfort (1743-1812). Ils occupaient déjà des places importantes dans les grandes capitales européennes. — *Charles
Laffitte*, financier et homme politique (1767-1844), dirigeait l'importante banque
Laffitte & Cⁱᵉ. A la date où se place l'action de ce roman, Laffitte était en pleine prospérité, mais, par une curieuse coïncidence, il perdit sa fortune dans des spéculations
malheureuses, en 1834, au lendemain de la publication d'*Eugénie Grandet*.

QUESTIONS

9. Comment se complète ici l'analyse de l'opinion publique concernant
Grandet? Expliquez de quelle manière le vigneron peut être jugé de ces
deux façons si différentes. Quelle est l'utilité des chiffres cités? De quelle
manière Balzac les utilise-t-il? — Appréciez la prudence des hommes
d'affaires de Grandet dans ce genre de conversation : ses causes, sa portée;
est-ce scepticisme ou aveu implicite que le chiffre proposé est insuffisant?
— Le « patriotisme » des Saumurois se justifie-t-il? Sur quel sentiment
se fonde-t-il?

« L'hiver sera rude, disait-on, le père Grandet a mis ses gants fourrés : il faut vendanger. — Le père Grandet prend beaucoup de merrain, il y aura du vin cette année. » **(10)**

280 M. Grandet n'achetait jamais ni viande ni pain. Ses fermiers lui apportaient par semaine une provision suffisante de chapons, de poulets, d'œufs, de beurre et de blé de rente[1]. Il possédait un moulin dont le locataire devait, en sus du bail, venir chercher une certaine quantité de grains et lui en rap-

285 porter le son et la farine. La grande Nanon, son unique servante, quoiqu'elle ne fût plus jeune, boulangeait elle-même tous les samedis le pain de la maison. M. Grandet s'était arrangé avec les maraîchers, ses locataires, pour qu'ils le fournissent de légumes. Quant aux fruits, il en récoltait une telle

290 quantité qu'il en faisait vendre une grande partie au marché. Son bois de chauffage était coupé dans ses haies ou pris dans les vieilles *truisses*[2] à moitié pourries qu'il enlevait au bord de ses champs, et ses fermiers le lui charroyaient en ville tout débité, le rangeaient par complaisance dans son bûcher et

295 recevaient ses remerciements. Ses seules dépenses connues étaient le pain bénit, la toilette de sa femme, celle de sa fille et le payement de leurs chaises à l'église; la lumière, les gages de la grande Nanon, l'étamage de ses casseroles; l'acquittement des impositions, les réparations de ses bâtiments et les

300 frais de ses exploitations. Il avait six cents arpents[3] de bois, récemment achetés, qu'il faisait surveiller par le garde d'un voisin, auquel il promettait une indemnité. Depuis cette acquisition seulement, il mangeait du gibier. **(11)**

Les manières de cet homme étaient fort simples. Il parlait

305 peu. Généralement il exprimait ses idées par de petites phrases

---

1. *De rente :* dont chaque fermier doit apporter annuellement une quantité déterminée. Ce terme s'applique à toutes les denrées énumérées dans la phrase; **2.** *Truisse :* touffe d'arbre, en Vendée; **3.** *Arpent :* voir page 31, note 3.

──────── **QUESTIONS** ────────

10. L'attention accordée aux opinions et aux gestes de Grandet vous paraît-elle invraisemblable ? Pour quelles raisons a-t-il acquis ce rôle d'oracle parmi ses concitoyens ?

11. Étudiez l'organisation minutieuse de la vie chez Grandet. Quelles qualités intellectuelles montre-t-il par là? Qu'a-t-il de plus qu'un simple avare? — Relevez les expressions et les tournures par lesquelles Balzac met en valeur chez Grandet l'art d'exploiter autrui; comment le style donne-t-il l'impression que Grandet fait tout cela le plus naturellement du monde?

sentencieuses et dites d'une voix douce. Depuis la Révolution, époque à laquelle il attira les regards, le bonhomme bégayait d'une manière fatigante aussitôt qu'il avait à discourir longuement ou à soutenir une discussion. Ce bredouillement, l'in-
310 cohérence de ses paroles, le flux de mots où il noyait sa pensée, son manque apparent de logique, attribués à un défaut d'éducation, étaient affectés[1] et seront suffisamment expliqués par quelques événements de cette histoire. D'ailleurs quatre phrases, exactes autant que des formules algébriques, lui servaient
315 habituellement à embrasser, à résoudre toutes les difficultés de la vie et du commerce : « Je ne sais pas. Je ne puis pas. Je ne veux pas. Nous verrons cela. »

Il ne disait jamais ni *oui* ni *non*, et n'écrivait point. Lui parlait-on, il écoutait froidement, se tenait le menton dans la
320 main droite en appuyant son coude droit sur le revers de la main gauche, et se formait en toute affaire des opinions desquelles il ne revenait point. Il méditait longuement les moindres marchés. Quand, après une savante conversation, son adversaire lui avait livré le secret de ses prétentions en croyant le
325 tenir[2], il lui répondait :

« Je ne puis rien conclure sans avoir consulté ma femme. »

Sa femme, qu'il avait réduite à un ilotisme[3] complet, était en affaires son paravent le plus commode. Il n'allait jamais chez personne, ne voulait ni recevoir[4] ni donner à dîner; il
330 ne faisait jamais de bruit, et semblait économiser tout, même le mouvement. Il ne dérangeait rien chez les autres par un respect constant de la propriété. **(12)**

Néanmoins, malgré la douceur de sa voix, malgré sa tenue circonspecte, le langage et les habitudes du tonnelier perçaient,

---

1. *Affecté* : simulé; 2. *Conserver ce secret*; 3. *Ilotisme* : esclavage. Les ilotes étaient des esclaves dans la république de Sparte; 4. *Recevoir... à dîner* : accepter à dîner; le sens habituel de l'expression est « inviter à dîner ».

───── **QUESTIONS** ─────

12. Relevez dans ce passage toutes les marques d'habileté chez Grandet et expliquez en quoi consistent ses ruses. — Pourquoi le vigneron *n'écrivait-il point* (ligne 318)? — Quelle importance y a-t-il à souligner que le bégaiement de Grandet date de la Révolution, *époque à laquelle il attira les regards* (ligne 307). Caractérisez l'attitude de Grandet à l'égard de sa femme. — Est-ce par pure avarice qu'il se refuse à recevoir ou à être invité? Quels sentiments trahit son *respect constant de la propriété* (ligne 332)? — Dans quelle mesure Grandet s'est-il composé une personnalité? Peut-on apercevoir le fond de son caractère d'après ses attitudes et ses manières?

335 surtout quand il était au logis, où il se contraignait moins que partout ailleurs. **(13)**

Au physique, Grandet était un homme de cinq pieds, trapu, carré, ayant des mollets de douze pouces[1] de circonférence, des rotules noueuses et de larges épaules; son visage
340 était rond, tanné, marqué de petite vérole[2]; son menton était droit, ses lèvres n'offraient aucune sinuosité, et ses dents étaient blanches; ses yeux avaient l'expression calme et dévoratrice que le peuple accorde au basilic[3]; son front, plein de rides transversales, ne manquait pas de protubérances signifi-
345 catives[4]; ses cheveux, jaunâtres et grisonnants, étaient blanc et or, disaient quelques jeunes gens qui ne connaissaient pas la gravité d'une plaisanterie faite sur M. Grandet. Son nez, gros par le bout, supportait une loupe[5] veinée que le vulgaire disait, non sans raison, pleine de malice. Cette figure annonçait une
350 finesse dangereuse, une probité sans chaleur[6], l'égoïsme d'un homme habitué à concentrer ses sentiments dans la jouissance de l'avarice et sur le seul être qui lui fût réellement quelque chose, sa fille Eugénie, sa seule héritière. Attitude, manières, démarche, tout en lui, d'ailleurs, attestait cette croyance en
355 soi que donne l'habitude d'avoir toujours réussi dans ses entreprises. Aussi, quoique de mœurs faciles et molles[7] en apparence, M. Grandet avait-il un caractère de bronze.

Toujours vêtu de la même manière, qui le voyait aujourd'hui le voyait tel qu'il était depuis 1791. Ses forts souliers se nouaient
360 avec des cordons de cuir; il portait en tout temps des bas de laine drapés[8], une culotte courte de gros drap marron à boucles[9] d'argent, un gilet de velours à raies alternatives jaune et

---

1. *Pied* : mesure de longueur valant 0,324 m; *pouce* : douzième partie du pied, soit 27 mm environ; **2.** *Petite vérole* : variole (fièvre éruptive). La vaccine fut découverte par le médecin anglais Jenner (1749-1823); **3.** *Basilic* : serpent fabuleux, dont le regard avait la propriété de tuer; **4.** Au moment où Balzac écrivait *Eugénie Grandet*, la science de la phrénologie, inventée par le médecin allemand Franz Gall (1758-1828), était en pleine vogue; Balzac s'intéressait vivement à ces recherches; **5.** *Loupe* : grosseur remplie d'un liquide incolore, qui soulève la peau; **6.** *Sans chaleur* : sans sincérité profonde; **7.** *Molles* : accommodantes; **8.** *Drapé* : dont le tissu imite le drap; **9.** Ces *boucles* serreraient la culotte sous le genou.

QUESTIONS
---

13. Quel aspect du personnage se révèle ici? Comment la structure de la phrase souligne-t-elle un paradoxe apparent : absence de contrainte et manque de spontanéité? En quoi ces lignes éclairent-elles ce qui précède et préparent-elles le portrait proprement dit?

LA GRANDE NANON

« La grande Nanon [...] appartenait à M. Grandet depuis
trente-cinq ans. » (Page 47.)

Dessin d'Henri Monnier. Édition Furne (1848).

LE PÈRE GRANDET

« Toujours vêtu de la même manière, qui le voyait aujourd'hui le
voyait tel qu'il était depuis 1791. » (Page 37.)

Illustration de Staal. Édition Maresq et Hovaret (1852).

puce, boutonné carrément[1], un large habit marron à grands
pans, une cravate noire et un chapeau de quaker[2]. Ses gants,
365 aussi solides que ceux des gendarmes, lui duraient vingt mois,
et, pour les conserver propres, il les posait sur le bord de son
chapeau à la même place, par un geste méthodique.

Saumur ne savait rien de plus sur ce personnage. (**14**)

Six habitants seulement avaient le droit de venir dans cette
370 maison. Le plus considérable des trois premiers était le neveu
de M. Cruchot. Depuis sa nomination de président au tribunal
de première instance[3] de Saumur, ce jeune homme avait joint
au nom de Cruchot celui de Bonfons, et travaillait à faire pré-
valoir Bonfons sur Cruchot. Il signait déjà C. de Bonfons. Le
375 plaideur assez malavisé pour l'appeler « monsieur Cruchot »
s'apercevait bientôt, à l'audience, de sa sottise. Le magistrat
protégeait ceux qui le nommaient « monsieur le président »,
mais il favorisait de ses plus gracieux sourires les flatteurs qui
lui disaient « monsieur de Bonfons ». M. le président était âgé
380 de trente-trois ans, possédait le domaine de Bonfons (*Boni
Fontis*), valant sept mille livres de rente; il attendait la succession de son oncle le notaire et celle de son oncle l'abbé Cruchot,
dignitaire du chapitre[4] de Saint-Martin de Tours, qui tous
deux passaient pour être assez riches. Ces trois Cruchot, sou-
385 tenus par bon nombre de cousins, alliés à vingt maisons de
la ville, formaient un parti, comme jadis à Florence les Médicis; et, comme les Médicis, les Cruchot avaient leurs Pazzi[5].

---

1. *Carrément :* verticalement, sur un côté et non au milieu du devant; on dirait
aujourd'hui un « gilet croisé »; 2. Chapeau à larges bords. Les *quakers* étaient les
membres d'une secte religieuse fondée au XVIIe siècle et répandue principalement
en Angleterre et aux États-Unis; 3. *Tribunal de première instance :* juridiction civile
dont le tribunal se trouvait dans chaque chef-lieu d'arrondissement; 4. *Chapitre :*
conseil des chanoines attachés à une église collégiale ou à une cathédrale; 5. Les
Pazzi : puissante famille florentine qui conspira sans succès, en 1478, contre les Médicis, alors maîtres du gouvernement de Florence; dans *Lorenzaccio* (1834), Musset
fait allusion à la haine qui continua par la suite à animer les deux familles.

■■■■■■■■ **QUESTIONS** ■■■■■■■■

14. Étudiez la composition du paragraphe (lignes 337-357) dans lequel
Balzac décrit l'aspect physique de Grandet. Quels sont les éléments de
ce portrait que Balzac met en relief? Relevez les détails qui, dans la physionomie de Grandet, sont significatifs de sa psychologie. — Les détails
vestimentaires choisis par Balzac ne sont-ils pas, eux aussi, significatifs
du caractère de Grandet? Montrez-le. — Pourquoi l'égoïsme de Grandet
fait-il une exception en faveur de sa fille? Quel est le motif profond de
cette affection paternelle? — Quels sont finalement les traits dominants
qui se dégagent de ce portrait? Montrez comment la personnalité de
Grandet se rattache au milieu où il vit.

*(Et Eugénie
à 23 ans)*

Madame Des Grassins, mère d'un fils de vingt-trois ans,
venait très assidûment faire la partie[1] de madame Grandet,
390 espérant marier son cher Adolphe avec mademoiselle Eugénie.
M. Des Grassins le banquier favorisait vigoureusement les
manœuvres de sa femme par de constants services secrètement
rendus au vieil avare, et arrivait toujours à temps sur le champ
de bataille. Ces trois Des Grassins avaient également leurs
395 adhérents, leurs cousins, leurs alliés fidèles.

Du côté des Cruchot, l'abbé, le Talleyrand[2] de la famille,
bien appuyé par son frère le notaire, disputait vivement le
terrain à la financière[3], et tentait de réserver le riche héritage
à son neveu le président (15). Ce combat secret entre les Cru-
400 chot et les Des Grassins, dont le prix[4] était la main d'Eugénie
Grandet, occupait passionnément les diverses sociétés de Saumur. Mademoiselle Grandet épousera-t-elle M. le président ou
M. Adolphe Des Grassins?

A ce problème, les uns répondaient que M. Grandet ne
405 donnerait sa fille ni à l'un ni à l'autre. L'ancien tonnelier,
rongé d'ambition, cherchait, disaient-ils, pour gendre quelque
pair[5] de France, à qui trois cent mille livres de rente feraient
accepter tous les tonneaux passés, présents et futurs des Grandet.
D'autres répliquaient que M. et madame Des Grassins étaient
410 nobles, puissamment riches, qu'Adolphe était un bien gentil
cavalier[6], et qu'à moins d'avoir un neveu du pape dans sa
manche, une alliance si convenable devait satisfaire des gens

---

1. La partie de whist habituelle; **2.** Diplomate retors, comme le fut Talleyrand
(1754-1838); **3.** Mme des Grassins; **4.** *Var. :* « dont Eugénie était le prix » (*l'Europe
littéraire*, 1833). Cette leçon rappelait le vers de Corneille (*le Cid*, V, 1) : « Sors vain-
queur d'un combat dont Chimène est le prix »; **5.** Les *pairs*, nommés par le roi,
constituèrent, de 1815 à 1848, la Chambre haute, ou Chambre des pairs, qui était
la seconde assemblée législative; **6.** Dans ce sens, le *cavalier* est l'homme qui accompagne une dame.

━━━━━ **QUESTIONS** ━━━━━

15. Par quelle transition Balzac passe-t-il à la description des Cruchot
et des Des Grassins? — Comment les six personnages sont-ils reliés à la
personne de Grandet? Montrez que, dès maintenant, l'argent constitue
le lien qui unit tout ce groupe. — Cette rapide esquisse des deux clans
ne s'apparente-t-elle pas à une caricature burlesque? Par quels procédés?
— Les moyens employés par chacun des deux clans pour arriver à ses
fins sont-ils les mêmes? Comment Balzac réussit-il à caractériser en
quelques mots chacun des six personnages énumérés ici et à définir son
rôle dans le combat qui est engagé?

de rien, un homme que tout Saumur avait vu la doloire[1] en
main et qui, d'ailleurs, avait porté le bonnet rouge. Les plus
415 sensés faisaient observer que M. Cruchot de Bonfons avait ses
entrées à toute heure au logis, tandis que son rival n'y était
reçu que les dimanches. Ceux-ci soutenaient que madame Des
Grassins, plus liée avec les femmes de la maison Grandet que
les Cruchot, pouvait leur inculquer certaines idées qui la
420 feraient, tôt ou tard, réussir[2]. Ceux-là répliquaient que l'abbé
Cruchot était l'homme le plus insinuant du monde, et que,
femme contre moine, la partie se trouvait égale.

« Ils sont manche à manche[3] », disait un bel esprit de
Saumur.

Plus instruits, les anciens du pays prétendaient que, les
425 Grandet étant trop avisés pour laisser sortir les biens de leur
famille, mademoiselle Eugénie Grandet, de Saumur, serait
mariée au fils de M. Grandet, de Paris, riche marchand de
vins en gros[4]. A cela les cruchotins et les grassinistes répondaient :

430 « D'abord, les deux frères ne se sont pas vus deux fois depuis
trente ans. Puis M. Grandet de Paris a de hautes prétentions
pour son fils. Il est maire d'un arrondissement, député, colonel
de la garde nationale, juge au tribunal de commerce; il renie
les Grandet de Saumur et prétend s'allier à quelque famille
435 ducale par la grâce de Napoléon. » **(16)**

Que ne disait-on pas d'une héritière dont on parlait à vingt
lieues à la ronde et jusque dans les voitures publiques, d'Angers
à Blois inclusivement! Au commencement de 1818, les cruchotins remportèrent un avantage signalé sur les grassinistes. La
440 terre de Froidfond, remarquable par son parc, son admirable

---

1. *Doloire* : hache de tonnelier; **2.** *Var.* : « [que] Mme des Grassins avait trop
d'adresse pour ne pas réussir »; **3.** Expression signifiant que les deux adversaires
sont à égalité, en attendant la troisième manche qui doit les départager; **4.** Ce frère
cadet du père Grandet apparaît dans deux autres romans de Balzac : *les Paysans*,
VIII; *la Maison Nucingen*, V.

━━━━━━━ **QUESTIONS** ━━━━━━━

16. Que représente le mariage de Mlle Grandet pour les gens de Saumur?
Énumérez les différentes hypothèses émises à ce sujet et montrez ce qui,
dans chacune d'elles, trahit l'état d'esprit de celui qui la propose. — A quel
personnage nouveau est-il fait allusion (lignes 424-428)? Importance de ce
détail pour le progrès du récit. — Balzac, peintre de l'esprit provincial,
d'après ce passage.

château, ses fermes, rivières, étangs, forêts, et valant trois millions, fut mise en vente par le jeune marquis de Froidfond, obligé de réaliser ses capitaux. Maître Cruchot, le président Cruchot, l'abbé Cruchot, aidés par leurs adhérents, surent
445 empêcher la vente par petits lots. Le notaire conclut avec le jeune homme un marché d'or en lui persuadant qu'il y aurait des poursuites sans nombre à diriger contre les adjudicataires avant de rentrer dans le prix des lots; il valait mieux vendre à M. Grandet, homme solvable, et capable d'ailleurs de payer
450 la terre en argent comptant. Le beau marquisat de Froidfond fut alors convoyé vers l'œsophage de M. Grandet, qui, au grand étonnement de Saumur, le paya, sous escompte[1], après les formalités. Cette affaire eut du retentissement à Nantes et à Orléans.

455 M. Grandet alla voir son château par l'occasion d'une charrette qui y retournait. Après avoir jeté sur sa propriété le coup d'œil du maître, il revint à Saumur, certain d'avoir placé ses fonds à cinq[2], et saisi de la magnifique pensée d'arrondir le marquisat de Froidfond en y réunissant tous ses biens. Puis,
460 pour remplir de nouveau son trésor presque vide, il décida de couper à blanc[3] ses bois, ses forêts, et d'exploiter les peupliers de ses prairies. (17)

Il est maintenant facile de comprendre toute la valeur de ce mot : « la maison à M. Grandet », cette maison pâle, froide,
465 silencieuse, située en haut de la ville, et abritée par les ruines des remparts[4].

Les deux piliers et la voûte formant la baie de la porte avaient été, comme la maison, construits en tuffeau, pierre blanche

---

1. *Sous escompte* : avant l'échéance, moyennant une réduction de prix. *Var.* : « [sous escompte], en or, [après]... ». 2. A cinq pour cent d'intérêt; 3. *Couper à blanc* : sans laisser de réserves (rapprochez de l'expression « saigner à blanc »); 4. Dans *l'Europe littéraire*, Balzac avait ajouté : « La porte ressemblait au porche abaissé d'une geôle ».

━━━ QUESTIONS ━━━

17. Qu'y a-t-il d'extraordinaire dans cet épisode de l'achat de Froidfond? Comment se relie-t-il : 1° à la compétition entre les prétendants d'Eugénie; 2° à la personne de Grandet? — Relevez les éléments de ce passage destinés à souligner le caractère exceptionnel de l'opération (énorme valeur financière de la propriété; habileté des négociations; attitude de Grandet). Balzac n'émet-il pas indirectement une opinion sur ce changement de propriétaire (lignes 450-451 et 455-456)?

particulière au littoral de la Loire, et si molle que sa durée
470 moyenne est à peine de deux cents ans.

Les trous inégaux et nombreux que les intempéries du climat
y avaient bizarrement pratiqués donnaient au cintre et aux
jambages[1] de la baie l'apparence des pierres vermiculées[2] de
l'architecture française et quelque ressemblance avec le porche
475 d'une geôle. Au-dessus du cintre régnait un long bas-relief de
pierre dure sculptée, représentant les quatre Saisons, figures
déjà rongées et toutes noires. Ce bas-relief était surmonté d'une
plinthe[3] saillante, sur laquelle s'élevaient plusieurs de ces végé-
tations dues au hasard, des pariétaires jaunes, des liserons, des
480 convolvulus, du plantain, et un petit cerisier assez haut déjà.

La porte, en chêne massif, brune, desséchée, fendue de toutes
parts, frêle en apparence, était solidement maintenue par le
système de ses boulons, qui figuraient des dessins symétriques.
Une grille carrée, petite, mais à barreaux serrés et rouges de
485 rouille, occupait le milieu de la porte bâtarde[4] et servait, pour
ainsi dire, de motif à un marteau qui s'y rattachait par un
anneau et frappait sur la tête grimaçante d'un maître clou.
Ce marteau, de forme oblongue et du genre de ceux que nos
ancêtres nommaient jaquemart[5], ressemblait à un gros point
490 d'admiration[6]; en l'examinant avec attention, un antiquaire y
aurait retrouvé quelques indices de la figure[7] essentiellement
bouffonne qu'il représentait jadis, et qu'un long usage avait
effacée.

Par la petite grille, destinée à reconnaître les amis au temps
495 des guerres civiles[8], les curieux pouvaient apercevoir, au fond
d'une voûte obscure et verdâtre, quelques marches dégradées
par lesquelles on montait dans un jardin que bornaient pitto-
resquement des murs épais, humides, pleins de suintements
et de touffes d'arbustes malingres. Ces murs étaient ceux du
500 rempart, sur lequel s'élevaient les jardins de quelques maisons

---

1. *Cintre* : courbure concave formant la surface inférieure de la baie ; tandis que
les *jambages* en forment les montants verticaux ; **2.** Les *vermiculures* sont des dessins
en forme de vers que l'on applique sur certaines grosses pierres qui dépassent la
surface d'un mur ; **3.** *Plinthe* : espèce de plate-bande qui indique la ligne des planchers
sur la surface d'un bâtiment ; **4.** *Porte bâtarde* : qui n'est pas la porte principale ;
5. *Jaquemart* : figure de métal qui représente un homme avec un marteau à la main
et qu'on met sur les horloges pour frapper les heures ; **6.** *Point d'admiration* : autre
nom du point d'exclamation ; **7.** *Figure* : forme générale du corps ; **8.** Les guerres
de religion (1562-1598).

voisines **(18)**. Au rez-de-chaussée de la maison, la pièce la plus
considérable était une *salle* dont l'entrée se trouvait sous la
voûte de la porte cochère. Peu de personnes connaissent l'importance d'une salle dans les petites villes de l'Anjou, de la
505 Touraine et du Berri. La salle est à la fois l'antichambre, le
salon, le cabinet, le boudoir, la salle à manger; elle est le théâtre
de la vie domestique, le foyer commun; là, le coiffeur du quar-
tier venait couper deux fois l'an les cheveux de M. Grandet;
là entraient les fermiers, le curé, le sous-préfet, le garçon meu-
510 nier. Cette pièce, dont les deux croisées donnaient sur la rue,
était planchéiée; des panneaux gris, à moulures antiques, la
boisaient de haut en bas; son plafond se composait de poutres
apparentes, également peintes en gris, dont les entre-deux étaient
remplis de blanc en bourre[1] qui avait jauni.
515   Un vieux cartel[2] de cuivre incrusté d'arabesques en écaille
ornait le manteau de la cheminée en pierre blanche, mal sculpté,
sur lequel était une glace verdâtre, dont les côtés, coupés en
biseau pour en montrer l'épaisseur, reflétaient un filet de lumière
le long d'un trumeau[3] gothique en acier damasquiné. Les
520 deux girandoles[4] de cuivre doré qui décoraient chacun des
coins de la cheminée étaient à deux fins : en enlevant les roses
qui leur servaient de bobèches[5], et dont la maîtresse branche
s'adaptait au piédestal de marbre bleuâtre agencé[6] de vieux
cuivre, ce piédestal formait un chandelier pour les petits jours[7].

---

1. *Blanc en bourre* : enduit composé d'argile, de chaux et de bourre (déchets de poils ou de laine); **2.** *Cartel* : encadrement de certaines pendules qu'on appliquait au mur; d'où, ici, la pendule elle-même; **3.** *Trumeau* : partie d'un mur entre deux fenêtres ou entre deux baies; ici, le mot désigne probablement la partie qui encadre la glace elle-même; **4.** *Girandole* : chandelier à plusieurs branches; **5.** *Bobèche* : partie supérieure et mobile du chandelier, où se place la bougie; **6.** *Agencé* : orné; **7.** *Petits jours* : ceux où l'on fait moins d'apprêt, par opposition aux jours de fête ou de réception.

──────── **QUESTIONS** ────────

18. Rattachez la description de l'aspect extérieur de la maison à l'évocation des vieilles demeures provinciales de Saumur, p. 26 : comment a été préparée la description de la maison de Grandet? — Quelle impression dominante cette maison laisse-t-elle au passant qui regarde la façade et jette un coup d'œil à l'intérieur? Cherchez en quoi cette maison appartient bien à Grandet; à quoi devine-t-on qu'il y réside? Cette maison est-elle digne de celui qui a acheté l'important domaine de Froidfond? — Dans le pittoresque de ce passage, faites la part de ce qui est dû à l'homme et celle des transformations apportées par le temps.

525   Les sièges, de forme antique, étaient garnis en tapisseries
représentant les fables de La Fontaine; mais il fallait le savoir
pour en reconnaître les sujets, tant les couleurs passées et les
figures criblées de reprises se voyaient difficilement. Aux quatre
angles de cette salle se trouvaient des encoignures, espèces de
530 buffets terminés par de crasseuses étagères. Une vieille table à
jouer en marqueterie, dont le dessus faisait échiquier, était
placée dans le tableau[1] qui séparait les deux fenêtres. Au-dessus
de cette table, il y avait un baromètre ovale, à bordure noire,
enjolivé par des rubans de bois doré, où les mouches avaient si
535 licencieusement folâtré que la dorure en était un problème.
Sur la paroi opposée à la cheminée, deux portraits au pastel
étaient censés représenter l'aïeul de madame Grandet, le vieux
M. de La Bertellière, en lieutenant aux gardes françaises[2], et
défunt[3] madame Gentillet, en bergère. Aux deux fenêtres
540 étaient drapés des rideaux en gros[4] de Tours rouge, relevés
par des cordons de soie à glands d'église. Cette luxueuse décoration, si peu en harmonie avec les habitudes de Grandet,
avait été comprise dans l'achat de la maison, ainsi que le trumeau, le cartel, le meuble en tapisserie et les encoignures en
545 bois de rose.

    Dans la croisée la plus rapprochée de la porte se trouvait
une chaise de paille dont les pieds étaient montés sur des patins[5],
afin d'élever madame Grandet à une hauteur qui lui permît de
voir les passants. Une travailleuse[6] en bois de merisier déteint
550 remplissait l'embrasure, et le petit fauteuil d'Eugénie Grandet
était placé tout auprès. (19)

    Depuis quinze ans, toutes les journées de la mère et de la
fille s'étaient paisiblement écoulées à cette place, dans un tra-

---

    1. *Tableau :* pan de mur; **2.** Régiment créé par Charles IX, chargé principalement
du service de police, et qui subsista pendant tout l'Ancien Régime; **3.** Balzac fait
le qualificatif *défunt* invariable, sans doute par analogie avec *feu;* **4.** *Gros :* étoffe
de soie à gros grains; **5.** *Patins :* pièces de bois plus ou moins épaisses, sur lesquelles
on place les pieds d'un meuble; **6.** *Travailleuse :* table à ouvrage.

―――――――― **QUESTIONS** ――――――――

19. Composition de cette description : pourquoi Balzac commence-t-il
par préciser l'importance de cette salle? — Distinguez ce qui a un caractère
de luxe dans le mobilier, dont vous préciserez le style et le goût, et ce qui
trahit l'économie ou la négligence. — Quelle est l'origine de la *luxueuse
décoration* (ligne 541)? Importance de ce détail. — Quelle impression
générale se dégage de ce lieu? Quel genre de vie peut-on, d'après ce passage, imaginer que mène la famille Grandet?

vail constant, à compter du mois d'avril jusqu'au mois de
555 novembre. Le 1er de ce dernier mois, elles pouvaient prendre
leur station d'hiver à la cheminée. Ce jour-là seulement, Grandet
permettait qu'on allumât du feu dans la salle, et il le faisait
éteindre au 31 mars, sans avoir égard ni aux premiers froids
du printemps ni à ceux de l'automne. Une chaufferette[1], entre-
560 tenue avec la braise provenant du feu de la cuisine que la
grande Nanon leur réservait en usant d'adresse, aidait madame
et mademoiselle Grandet à passer les matinées ou les soirées
les plus fraîches des mois d'avril et d'octobre.

La mère et la fille entretenaient tout le linge de la maison et
565 employaient si consciencieusement leurs journées à ce véritable
labeur d'ouvrière que, si Eugénie voulait broder une collerette
à sa mère, elle était forcée de prendre sur ses heures de sommeil
en trompant son père pour avoir de la lumière. Depuis longtemps
l'avare distribuait la chandelle à sa fille et à la grande Nanon,
570 de même qu'il distribuait dès le matin le pain et les denrées
nécessaires à la consommation journalière. (20)

La grande Nanon était peut-être la seule créature humaine
capable d'accepter le despotisme de son maître. Toute la ville
l'enviait à M. et madame Grandet. La grande Nanon, ainsi
575 nommée à cause de sa taille haute de cinq pieds huit pouces[2],
appartenait à Grandet depuis trente-cinq ans. Quoiqu'elle n'eût
que soixante livres de gages[3], elle passait pour une des plus
riches servantes de Saumur. Ces soixante livres, accumulées
depuis trente-cinq ans, lui avaient permis de placer récemment
580 quatre mille livres en viager chez maître Cruchot. Ce résultat
des longues et persistantes économies de la grande Nanon
parut gigantesque. Chaque servante, voyant à la pauvre sexa-
génaire du pain pour ses vieux jours, était jalouse d'elle, sans
penser au dur servage par lequel il avait été acquis.

---

1. *Chaufferette :* sorte de boîte, qu'on remplissait de braise et qui permettait de
se chauffer les pieds; 2. Voir page 37, note 1. Nanon a donc environ 1,80 m; 3. Par an.

QUESTIONS

20. Comment Balzac glisse-t-il de la description du cadre aux habitudes
de vie des personnages? Montrez que l'uniformité de l'existence que
mènent ceux-ci facilite la transition. — Soulignez dans ce passage et dans
le précédent ce qui révèle l'avarice et la rigidité de principes qui caracté-
risent le maître de maison. — Quel est le sens du mot *adresse* (ligne 561)?
Quel mot, à propos d'Eugénie, fait écho à celui-ci? Imaginez les rapports
familiaux et domestiques qui unissent les occupants de cette maison.

585 A l'âge de vingt-deux ans, la pauvre fille n'avait pu se placer
chez personne, tant sa figure semblait repoussante; et certes ce
sentiment était bien injuste : sa figure eût été fort admirée sur
les épaules d'un grenadier de la garde; mais en tout il faut,
dit-on, l'à-propos. Forcée de quitter une ferme incendiée où
590 elle gardait les vaches, elle vint à Saumur, où elle chercha du
service, animée de ce robuste courage qui ne se refuse à rien.

Le père Grandet pensait alors à se marier et voulait déjà
monter son ménage. Il avisa[1] cette fille, rebutée de porte en
porte. Juge de la force corporelle en sa qualité de tonnelier,
595 il devina le parti qu'on pouvait tirer d'une créature femelle
taillée en Hercule, plantée sur ses pieds comme un chêne de
soixante ans sur ses racines, forte des hanches, carrée du dos,
ayant des mains de charretier et une probité vigoureuse comme
l'était son intacte vertu. Ni les verrues qui ornaient ce visage
600 martial, ni le teint de brique, ni les bras nerveux, ni les haillons
de la Nanon n'épouvantèrent le tonnelier, qui se trouvait
encore dans l'âge où le cœur tressaille. Il vêtit alors, chaussa,
nourrit la pauvre fille, lui donna des gages, et l'employa sans
trop la rudoyer. **(21)**

605 En se voyant ainsi accueillie, la grande Nanon pleura secrètement de joie et s'attacha sincèrement au tonnelier, qui,
d'ailleurs, l'exploita féodalement. Nanon faisait tout : elle
faisait la cuisine, elle faisait les buées[2], elle allait laver le linge
à la Loire, le rapportait sur ses épaules; elle se levait au jour,
610 se couchait tard; faisait à manger à tous les vendangeurs pendant les récoltes, surveillait les halleboteurs[3]; défendait, comme

---

1. *Aviser* : apercevoir (sens premier); 2. *Buée* : lessive; 3. *Halleboteur* : grappil-
leur, c'est-à-dire celui qui, après la vendange, recueille à son profit les raisins oubliés
dans la vigne; ce mot se trouve déjà chez Rabelais.

━━━━ QUESTIONS ━━━━

21. Par quel détail le personnage de la grande Nanon est-il entré dans
le roman (voir ligne 561)? Pourquoi Balzac fait-il tout de suite son portrait avant celui des autres personnages? — Comment est composé ce
portrait? Par comparaison avec le portrait de Grandet, énumérez les éléments qui paraissent nécessaires au romancier pour présenter au lecteur
un de ses personnages. Quel est, chez la grande Nanon, le trait physique
dominant sur lequel Balzac centre toute la personnalité? — Sur quel ton
le romancier raconte-t-il l'histoire de la servante? Relevez les pointes
d'ironie : montrez qu'elles naissent de l'ironie même du sort, réservé
par le destin à la grande Nanon. Faut-il plaindre celle-ci ou l'envier
comme le font les gens de Saumur?

un chien fidèle, le bien de son maître; enfin, pleine d'une confiance aveugle en lui, elle obéissait sans murmure à ses fantaisies les plus saugrenues.

615 Lors de la fameuse année de 1811, dont la récolte coûta des peines inouïes, après vingt ans de service, Grandet résolut de donner sa vieille montre à Nanon, seul présent qu'elle reçut jamais de lui. Quoiqu'il lui abandonnât ses vieux souliers (elle pouvait les mettre), il est impossible de considérer le profit
620 trimestriel des souliers de Grandet comme un cadeau, tant ils étaient usés. La nécessité rendit cette pauvre fille si avare que Grandet avait fini par l'aimer comme on aime un chien, et Nanon s'était laissé mettre au cou un collier garni de pointes dont les piqûres ne la piquaient plus. Si Grandet coupait le
625 pain avec un peu trop de parcimonie, elle ne s'en plaignait pas; elle participait gaiement aux profits hygiéniques que procurait le régime sévère de la maison, où jamais personne n'était malade.

Puis la Nanon faisait partie de la famille : elle riait quand
630 riait Grandet, s'attristait, gelait, se chauffait, travaillait avec lui. Combien de douces compensations dans cette égalité! Jamais le maître n'avait reproché à la servante ni l'alberge[1] ou la pêche de vigne, ni les prunes ou les brugnons[2] mangés sous l'arbre.

635 « Allons, régale-toi, Nanon », lui disait-il dans les années où les branches pliaient sous les fruits, que les fermiers étaient obligés de donner aux cochons. (22)

Pour une fille des champs qui dans sa jeunesse n'avait récolté que de mauvais traitements, pour une pauvresse recueillie par
640 charité, le rire équivoque[3] du père Grandet était un vrai rayon

---

1. *Alberge :* sorte de pêche ou d'abricot à chair blanche; **2.** *Brugnon :* sorte de pêche à peau lisse comme celle de la prune; **3.** *Équivoque :* toujours susceptible d'être interprété dans des sens différents.

───── **QUESTIONS** ─────────────

22. Comment le dévouement de la grande Nanon se justifie-t-il? Montrez que sa force physique est une nécessité, pour expliquer l'ampleur de son activité. N'y a-t-il pas ici une certaine parenté psychologique entre la servante et son maître? — L'avarice de Nanon a-t-elle la même origine que celle de Grandet? Quelle satisfaction peut-elle avoir à se mettre à l'unisson de son maître? — Analysez les sentiments de Grandet à l'égard de Nanon : croit-il vraiment être généreux pour sa servante? — Quelle importance a pour Nanon le fait de *faire partie de la famille* (ligne 629), quand on se rappelle son histoire? — Caractérisez la plaisanterie traditionnelle faite par Grandet (lignes 635-637) : Balzac la prend-il à son compte? Est-elle en harmonie avec le personnage?

de soleil. D'ailleurs, le cœur simple, la tête étroite de Nanon
ne pouvait contenir qu'un sentiment et une idée. Depuis trente-
cinq ans, elle se voyait toujours arrivant devant le chantier du
père Grandet, pieds nus, en haillons, et entendait toujours le
645 tonnelier lui disant : « Que voulez-vous, ma mignonne? » et
sa reconnaissance était toujours jeune. Quelquefois, Grandet,
songeant que cette pauvre créature n'avait jamais entendu le
moindre mot flatteur, qu'elle ignorait tous les sentiments doux
que la femme inspire, et pouvait comparaître un jour devant
650 Dieu, plus chaste que ne l'était la Vierge Marie elle-même,
Grandet, saisi de pitié, disait en la regardant :

« Cette pauvre Nanon! »

Son exclamation était toujours suivie d'un regard indéfinissable que lui jetait la vieille servante. Ce mot, dit de temps à
655 autre, formait depuis longtemps une chaîne d'amitié non interrompue et à laquelle chaque exclamation ajoutait un chaînon.
Cette pitié, placée au cœur de Grandet et prise tout en gré[1]
par la vieille fille, avait je ne sais quoi d'horrible. Cette atroce
pitié d'avare, qui réveillait mille plaisirs[2] au cœur du vieux
660 tonnelier, était pour Nanon sa somme[3] de bonheur. Qui ne
dira pas aussi : « Pauvre Nanon! » Dieu reconnaîtra ses anges
aux inflexions de leur voix et à leurs mystérieux regrets. Il y
avait dans Saumur une grande quantité de ménages où les
domestiques étaient mieux traités, mais où les maîtres n'en
665 recevaient néanmoins aucun contentement. De là cette autre
phrase : « Qu'est-ce que les Grandet font donc à leur grande
Nanon, pour qu'elle leur soit si attachée? Elle passerait dans le
feu pour eux! » (23)

Sa cuisine, dont les fenêtres grillées donnaient sur la cour,
670 était toujours propre, nette, froide, véritable cuisine d'avare

---

1. Bien accueillie; 2. Par le souvenir des économies ou des gains, faits grâce à
Nanon; 3. La totalité de son bonheur.

QUESTIONS

23. Définissez les relations psychologiques et morales qui s'établissent
entre la servante et son maître. Quelles raisons a chacun d'être content
de l'autre? Comment l'intérêt et les sentiments se rejoignent-ils paradoxale-
ment? Pourquoi la pitié pourtant sincère de Grandet avait-elle *je ne
sais quoi d'horrible* (ligne 658)? — Cherchez les traits qui marquent ici
les intentions de moraliste chez Balzac. Quel sentiment suscite l'intervention du romancier? — Quel rôle est donné aux réflexions des gens de
Saumur dans la composition de ce portrait de Nanon (voir lignes 666-668)?

où rien ne devait se perdre. Quand Nanon avait lavé sa vais-
selle, serré les restes du dîner, éteint son feu, elle quittait sa
cuisine, séparée de la salle par un couloir, et venait filer du
chanvre auprès de ses maîtres. Une seule chandelle suffisait
675 à la famille pour la soirée. La servante couchait au fond de
ce couloir, dans un bouge éclairé par un jour de souffrance[1].
Sa robuste santé lui permettait d'habiter impunément cette
espèce de trou, d'où elle pouvait entendre le moindre bruit
par le silence profond qui régnait nuit et jour dans la maison.
680 Elle devait, comme un dogue chargé de la police, ne dormir que
d'une oreille et se reposer en veillant. **(24)**

   La description des autres portions du logis se trouvera liée
aux événements de cette histoire; mais d'ailleurs le croquis de
la salle où éclatait tout le luxe du ménage peut faire soupçonner
685 par avance la nudité des étages supérieurs.

   En 1819, vers le commencement de la soirée, au milieu du
mois de novembre, la grande Nanon alluma du feu pour la
première fois. L'automne avait été très beau. Ce jour était un
jour de fête bien connu des cruchotins et des grassinistes. Aussi
690 les six antagonistes se préparaient-ils à venir, armés de toutes
pièces, pour se rencontrer[2] dans la salle et s'y surpasser en
preuves d'amitié.

   Le matin, tout Saumur avait vu madame et mademoiselle
Grandet, accompagnées de Nanon, se rendant à l'église parois-
695 siale pour y entendre la messe, et chacun se souvint que ce
jour était l'anniversaire de la naissance de mademoiselle Eugénie.
Aussi, calculant l'heure où le dîner devait finir, maître Cruchot,

---

   1. *Jour de souffrance :* petite fenêtre donnant sur la propriété d'un voisin qui en a
toléré *(souffert)* l'ouverture; **2.** *Se rencontrer :* engager un combat.

───── **QUESTIONS** ─────

24. Par quoi se termine la description de la maison? Comment Balzac
la rattache-t-il à ce qu'il vient de dire à propos de Nanon? Montrez l'harmonie de ces lieux avec : 1° l'avarice du maître; 2° le rôle et l'humilité
de la servante. — Quelle importance la dernière image (lignes 680-681)
revêt-elle dans la zoologie humaine de Balzac? A quels animaux avait été
comparé Grandet? — Rappelez rapidement les différentes phases de cette
présentation du cadre et des personnages. Montrez-en la valeur pittoresque
et l'utilité à ces deux points de vue : 1° pour le roman lui-même; 2° par
rapport à l'intention de *la Comédie humaine.* Quels personnages importants n'ont pas été évoqués autrement que par allusion? N'est-ce pas une
préfiguration de leur rôle de victimes, écrasées par, en un mot par tout
ce que le romancier a décrit et analysé au début du roman : l'argent, les
traditions, le père Grandet?

l'abbé Cruchot et M. C. de Bonfons s'empressaient-ils d'arriver
avant les Des Grassins pour fêter mademoiselle Grandet. Tous
700 trois apportaient d'énormes bouquets cueillis dans leurs petites
serres. La queue des fleurs que le président voulait présenter
était ingénieusement enveloppée d'un ruban de satin blanc
orné de franges d'or.

Le matin, M. Grandet, suivant sa coutume pour les jours
705 mémorables de la naissance et de la fête d'Eugénie, était venu
la surprendre au lit, et lui avait solennellement offert son
présent paternel, consistant, depuis treize années, en une curieuse
pièce d'or[1].

Madame Grandet donnait ordinairement à sa fille une robe
710 d'hiver ou d'été, selon la circonstance. Ces deux robes, les
pièces d'or qu'elle récoltait au premier jour de l'an et à la
fête de son père, lui composaient un petit revenu de cent écus[2]
environ, que Grandet aimait à lui voir entasser. N'était-ce pas
mettre son argent d'une caisse dans une autre, et, pour ainsi
715 dire, élever à la brochette[3] l'avarice de son héritière, à laquelle
il demandait parfois compte de son trésor, autrefois grossi par
les La Bertellière, en lui disant :

« Ce sera ton *douzain* de mariage. » **(25)**

Le douzain est un antique usage encore en vigueur et sainte-
720 ment conservé dans quelques pays situés au centre de la France.
En Berri, en Anjou, quand une jeune fille se marie, sa famille
ou celle de l'époux doit lui donner une bourse où se trouvent,
suivant les fortunes, douze pièces, ou douze douzaines de
pièces, ou douze cents pièces d'argent ou d'or. La plus pauvre

---

1. *Var.* : « un double napoléon d'or »; 2. *L'écu* représente une valeur de trois
francs; 3. *Brochette* : bâtonnet pour donner la becquée aux petits oiseaux. *Élever un
enfant à la brochette* : l'entourer de beaucoup de soins.

--------- **QUESTIONS** ---------

25. Dans quelle nouvelle partie du roman entre-t-on à la ligne 686?
Par quelle transition Balzac passe-t-il au récit? — En quoi ce tableau
de la maison Grandet, au jour de l'anniversaire d'Eugénie, est-il un
exemple caractéristique qui confirme ce qu'a déjà dit Balzac de la vie
provinciale et de l'existence des Grandet? — Relevez tous les termes
qui mettent ironiquement en relief ce qu'il y a de mesquin, d'étriqué
et aussi d'immuable dans cette célébration. — Analysez le comportement
de chaque personnage en cette journée : quels motifs, liés à leur caractère
ou à leurs intentions, expliquent leur attitude? Étudiez notamment les
motifs qui déterminent Grandet et le sens de sa « générosité »; est-ce la
première fois qu'Eugénie est désignée sous le nom d'*héritière* (ligne 715)?

725 des bergères ne se marierait pas sans son douzain, ne fût-il
composé que de gros sous. On parle encore à Issoudun de je
ne sais quel douzain offert à une riche héritière et qui contenait
cent quarante-quatre portugaises[1] d'or. Le pape Clément VII[2],
oncle de Catherine de Médicis, lui fit présent, en la mariant à
730 Henri II[3], d'une douzaine de médailles d'or antiques de la
plus grande valeur. **(26)**

Pendant le dîner, le père, tout joyeux de voir son Eugénie
plus belle dans une robe neuve, s'était écrié :

« Puisque c'est la fête d'Eugénie, faisons du feu! ce sera de
735 bon augure.

— Mademoiselle se mariera dans l'année, c'est sûr, dit la
grande Nanon en remportant les restes d'une oie, ce faisan
des tonneliers.

— Je ne vois point de parti pour elle à Saumur », répondit
740 madame Grandet en regardant son mari d'un air timide, qui,
vu son âge, annonçait l'entière servitude conjugale sous laquelle
gémissait la pauvre femme.

Grandet contempla sa fille et s'écria gaiement :

« Elle a vingt-trois ans aujourd'hui, l'enfant; il faudra
745 bientôt s'occuper d'elle. »

Eugénie et sa mère se jetèrent silencieusement un coup d'œil
d'intelligence. **(27)**

Madame Grandet était une femme sèche et maigre, jaune
comme un coing, gauche, lente; une de ces femmes qui semblent
750 faites pour être tyrannisées. Elle avait de gros os, un gros nez,

---

1. *Portugaise :* pièce d'or que le roi Emmanuel Ier de Portugal fit frapper en 1492;
2. *Clément VII :* Jules de Médicis, pape de 1523 à 1534, célèbre par ses démêlés avec
Charles Quint et Henri VIII, roi d'Angleterre; **3.** Ce mariage fut célébré en 1533,
sous le règne de François Ier. Henri ne devint roi qu'en 1547.

■■■■■■■ **QUESTIONS** ■■■■■■■

26. Cette évocation historique sur le *douzain* n'est-elle qu'une digression érudite? Faut-il seulement la rattacher au goût de l'histoire, cher à
l'époque romantique? — Sur quel ton Balzac parle-t-il des vieilles traditions? De quel prestige les auréole-t-il? — Est-il surprenant que la famille
Grandet respecte aussi les traditions? Mais Grandet en apprécie-t-il la
vraie signification?

27. Quelles précisions ce dialogue apporte-t-il aux données du roman?
Ne pourrait-on le comparer à une scène d'exposition dans un drame?
Quel état d'esprit se révèle dans le *coup d'œil d'intelligence* entre la mère
et la fille? Eugénie n'aurait-elle pas des raisons particulières de souhaiter
un mariage? Quelle nuance apporte l'adverbe *silencieusement* (ligne 746)?

un gros front, de gros yeux, et offrait, au premier aspect, une vague ressemblance avec ces fruits cotonneux qui n'ont plus ni saveur ni suc. Ses dents étaient noires et rares, sa bouche était ridée, son menton affectait la forme dite en galoche.
755 C'était une excellente femme, une vraie La Bertellière. L'abbé Cruchot savait trouver quelques occasions de lui dire qu'elle n'avait pas été trop mal, et elle le croyait. Une douceur angélique, une résignation d'insecte tourmenté par des enfants, une piété rare, une inaltérable égalité d'âme, un bon cœur, la
760 faisaient universellement plaindre et respecter.

Son mari ne lui donnait jamais plus de six francs à la fois pour ses menues dépenses. Quoique ridicule en apparence, cette femme, qui, par sa dot et ses successions, avait apporté au père Grandet plus de trois cent mille francs, s'était toujours sentie
765 si profondément humiliée d'une dépendance et d'un ilotisme[1] contre lequel[2] la douceur de son âme lui interdisait de se révolter qu'elle n'avait jamais demandé un sou, ni fait une observation sur les actes que maître Cruchot lui présentait à signer. Cette fierté sotte et secrète, cette noblesse d'âme constamment
770 méconnue et blessée par Grandet[3], dominaient la conduite de cette femme.

Madame Grandet mettait constamment une robe de levantine[4] verdâtre, qu'elle s'était accoutumée à faire durer près d'une année; elle portait un grand fichu de cotonnade blanche,
775 un chapeau de paille cousue, et gardait presque toujours un tablier de taffetas noir. Sortant peu du logis, elle usait peu de souliers. Enfin, elle ne voulait jamais rien pour elle.

Aussi Grandet, saisi parfois d'un remords en se rappelant le long temps écoulé depuis le jour où il avait donné six francs
780 à sa femme, stipulait-il toujours des épingles[5] pour elle en vendant ses récoltes de l'année. Les quatre ou cinq louis offerts par le Hollandais ou le Belge[6] acquéreur de la vendange Grandet formaient le plus clair des revenus annuels de madame Grandet.

Mais, quand elle avait reçu cinq louis, son mari lui disait
785 souvent, comme si leur bourse eût été commune : « As-tu

---

1. *Ilotisme* : voir page 36, note 3; 2. Le pronom relatif est au singulier parce qu'il se rapporte à deux synonymes; 3. *Var.* : « [cette fierté] bête et toute secrète, cette noblesse d'âme peu appréciée par M. Grandet »; 4. *Levantine* : étoffe de soie unie, qui vient du Levant; 5. *Épingles* : nom que porte le don fait à une femme quand on conclut un marché avec son mari; 6. Les Hollandais et les Belges, qui ne produisent pas de vin, sont d'importants clients pour les viticulteurs de la vallée de Loire.

quelques sous à me prêter? » et la pauvre femme, heureuse de pouvoir faire quelque chose pour un homme que son confesseur lui représentait comme son seigneur et maître, lui rendait, dans le courant de l'hiver, quelques écus sur l'argent des 790 épingles.

Lorsque Grandet tirait de sa poche la pièce de cent sous allouée par mois pour les menues dépenses, le fil, les aiguilles et la toilette de sa fille, il ne manquait jamais, après avoir boutonné son gousset, de dire à sa femme :

795 « Et toi, la mère, veux-tu quelque chose?

— Mon ami, répondait madame Grandet, animée par un sentiment de dignité maternelle, nous verrons cela. » **(28)**

Sublimité perdue[1]! Grandet se croyait très généreux envers sa femme. Les philosophes qui rencontrent des Nanon, des 800 madame Grandet, des Eugénie, ne sont-ils pas en droit de trouver que l'ironie est le fond du caractère de la Providence **(29)**? Après ce dîner, où, pour la première fois, il fut question du mariage d'Eugénie, Nanon alla chercher une bouteille de cassis dans la chambre de M. Grandet, et manqua 805 de tomber en descendant.

---

1. *Var. :* « Mais c'était de la sublimité perdue ».

—————— **QUESTIONS** ——————

28. Pourquoi le portrait de Mme Grandet prend-il place ici? Analysez la composition de ce portrait; comparez-le à celui de Grandet et justifiez les différences. — Le caractère dominant dans ce portrait : recherchez tous les éléments qui dénotent sa soumission et les causes qui l'expliquent (piété et éducation religieuse). Quels sentiments vous inspire cette femme? — Relevez les procédés qui donnent au style de Balzac sa vigueur : dans le portrait physique, dans certaines comparaisons (Grandet comparé à un *tigre* et à un *boa*, Mme Grandet à un *insecte tourmenté par des enfants*), dans des alliances de mots *(cette fierté sotte et secrète)*. — Analysez les sentiments réciproques qui unissent Grandet et sa femme : Grandet est-il conscient de la tyrannie qu'exerce son avarice sur Mme Grandet? Comment se sont-ils adaptés l'un à l'autre? Rapprochez la dernière phrase de Mme Grandet *(Nous verrons cela)* des formules chères à son mari (voir page 36, ligne 317) : qu'en conclure? Quelle est, au fond, l'affection commune qui les rapproche?

29. Est-ce la première fois que le romancier moraliste intervient dans le récit? Quelle part a le lyrisme romantique dans cette remarque pathétique? — Balzac est-il de bonne foi? Ce détail ne prouve-t-il pas que l'univers de son roman prend pour lui une réalité objective, comme s'il n'avait pas lui-même imaginé et modelé ses personnages?

« Grande bête, lui dit son maître, est-ce que tu te laisserais choir comme une autre[1], toi?

— Monsieur, c'est cette marche de votre escalier qui ne tient pas.

810 — Elle a raison, dit madame Grandet. Vous auriez dû la faire raccommoder depuis longtemps. Hier Eugénie a failli s'y fouler le pied.

— Tiens, dit Grandet à Nanon en la voyant toute pâle, puisque c'est la naissance[2] d'Eugénie, et que tu as manqué 815 de tomber, prends un petit verre de cassis pour te remettre.

— Ma foi, je l'ai bien gagné, dit Nanon. A ma place, il y a bien des gens qui auraient cassé la bouteille; mais je me serais plutôt cassé le coude pour la tenir en l'air.

— C'te pauvre Nanon! dit Grandet en lui versant le cassis.

820 — T'es-tu fait mal? lui dit Eugénie en la regardant avec intérêt.

— Non, puisque je me suis retenue en me fichant[3] sur mes reins.

— Eh bien, puisque c'est la naissance d'Eugénie, dit Grandet, 825 je vais vous raccommoder votre marche. Vous ne savez pas, vous autres, mettre le pied dans le coin, à l'endroit où elle est encore solide. » **(30)**

Grandet prit la chandelle, laissa sa femme, sa fille et sa servante sans autre lumière que celle du foyer qui jetait de 830 vives flammes, et alla dans le fournil[4] chercher des planches, des clous et ses outils.

« Faut-il vous aider? lui cria Nanon en l'entendant frapper dans l'escalier.

---

1. C'est-à-dire : est-ce que tu serais capable de tomber par suite d'une faute d'inattention. Ici, Grandet fait l'éloge de Nanon sur un point précis : sa vigilance continuelle, qu'il apprécie particulièrement dans d'autres domaines; 2. *Naissance :* anniversaire; 3. En me campant; 4. Le *fournil* est proprement la pièce attenant au four, et où l'on pétrit la pâte.

━━━ QUESTIONS ━━━

30. Montrez l'accumulation de faits exceptionnels dans les lignes 802-805. En quoi, cependant, la vraisemblance n'est-elle pas altérée? — Le dialogue entre Nanon et Grandet : comment se marque la sympathie de ce dernier pour sa servante (mots employés, ton, tentative pour exprimer sa bonté par un geste positif)? Mettez en relief la rude franchise de Nanon : expliquez pourquoi elle peut se permettre à l'égard de son maître de telles remarques (lignes 808-809) et une certaine indépendance (ligne 816). Démontrez que Nanon est une sorte de trait d'union entre le maître et les deux femmes qui, autrement, lui seraient soumises sans restriction ni murmure.

— Non! non! ça me connaît », répondit l'ancien tonnelier. **(31)**

835 Au moment où Grandet raccommodait lui-même son escalier vermoulu et sifflait à tue-tête en souvenir de ses jeunes années, les trois Cruchot frappèrent à la porte.

« C'est-y vous, monsieur Cruchot? demanda Nanon en regardant par la petite grille.

840 — Oui », répondit le président.

Nanon ouvrit la porte, et la lueur du foyer, qui se reflétait sous la voûte, permit aux trois Cruchot d'apercevoir l'entrée de la salle.

« Ah! vous êtes des fêteux, leur dit Nanon en sentant les 845 fleurs.

— Excusez, messieurs, cria Grandet en reconnaissant la voix de ses amis, je suis à vous! Je ne suis pas fier, je rafistole moi-même une marche de mon escalier.

— Faites, faites, monsieur Grandet! *Charbonnier est maire* 850 *chez lui*[1] », dit sentencieusement le président, en riant tout seul de son allusion, que personne ne comprit.

Madame et mademoiselle Grandet se levèrent. Le président, profitant de l'obscurité, dit alors à Eugénie :

« Me permettez-vous, mademoiselle, de vous souhaiter 855 aujourd'hui que vous venez de naître, une suite d'années heureuses, et la continuation de la santé dont vous jouissez? »

Il offrit un gros bouquet de fleurs rares à Saumur; puis, serrant l'héritière par les coudes, il l'embrassa des deux côtés

---

1. Allusion à Grandet, qui fut maire de Saumur. Le véritable proverbe est : *Charbonnier est maitre chez lui*. Le président joue sur les mots *maitre* et *maire*.

─────── **QUESTIONS** ───────

31. L'intérêt de ce détail anecdotique est-il indispensable pour l'action? pour la psychologie? Dans quelle mesure nous fait-il pénétrer, d'une façon plus concrète et plus vivante, dans l'existence de la famille Grandet? — Analysez l'attitude des différents personnages : comment leurs paroles et leurs gestes traduisent-ils leurs sentiments? Le groupe familial étant ici au complet, de quelle façon chacun de ses membres tient-il à « jouer son rôle » en présence des autres? Quelle différence de comportement y a-t-il de ce point de vue entre Grandet et Nanon, d'une part, et Mme Grandet et Eugénie, d'autre part? — Cet incident prendrait-il la même tournure s'il ne se produisait en ce « jour de fête »? Mme Grandet oserait-elle notamment faire la remarque qu'elle exprime ici? Comment Grandet prend-il le masque du « brave homme », sans rien sacrifier de son avarice et de son autorité sur les autres? En mettant la main à l'ouvrage, a-t-il honte du métier qui l'a enrichi?

du cou, avec une complaisance qui rendit Eugénie honteuse.
860 Le président, qui ressemblait à un grand clou rouillé, croyait
ainsi faire sa cour.

« Ne vous gênez pas, dit Grandet en rentrant. Comme vous
y allez, les jours de fête, monsieur le président !

— Mais, avec mademoiselle, répondit l'abbé Cruchot, armé
865 de son bouquet, tous les jours seraient pour mon neveu des
jours de fête. »

L'abbé baisa la main d'Eugénie. Quant à maître Cruchot,
il embrassa la jeune fille tout bonnement sur les deux joues,
et dit :
870 « Comme ça nous pousse, ça ! Tous les ans douze mois. » **(32)**

En replaçant la lumière devant le cartel[1], Grandet, qui ne
quittait jamais une plaisanterie et la répétait à satiété quand
elle lui semblait drôle, dit :

« Puisque c'est la fête d'Eugénie, allumons les flam-
beaux ! »
875 Il ôta soigneusement les branches des candélabres, mit la
bobèche[2] à chaque piédestal, prit des mains de Nanon une
chandelle neuve entortillée d'un bout de papier, la ficha dans
le trou, l'assura, l'alluma, et vint s'asseoir à côté de sa femme,
en regardant alternativement ses amis, sa fille et les deux chan-
880 delles. L'abbé Cruchot, petit homme dodu, grassouillet, à
perruque rousse et plate, à figure de vieille femme joueuse,
dit en avançant ses pieds bien chaussés dans de forts souliers
à agrafes d'argent :

« Les Des Grassins ne sont pas venus ?
885 — Pas encore, dit Grandet.

---

1. *Cartel :* voir page 45, note 2 ; 2. *Bobèche :* voir page 45, note 5.

═══════ **QUESTIONS** ═══════

32. Caractérisez cette petite scène : comment est développé ici ce
qui avait déjà été dit page 52 ? — Qu'y a-t-il à la fois de familier et de
ridicule dans ce tableau ? A quoi voit-on que chacun s'est mis en frais
pour la circonstance ? — Quel est l'effet produit pour le lecteur ? A-t-on
l'impression que les sentiments des personnages sont spontanés et sincères ? Qu'y a-t-il de factice dans cette cordialité et cette bonne humeur ?
— Les sentiments d'Eugénie : quel est le seul mot qui permet d'imaginer
son état d'esprit ? Quelle place tient-elle en ce jour où tout est fait en son
honneur ?

— Mais doivent-ils venir? demanda le vieux notaire en faisant grimacer sa face trouée comme une écumoire.

— Je le crois, répondit madame Grandet.

— Vos vendanges sont-elles finies? demanda le président de
890 Bonfons à Grandet.

— Partout »! lui dit le vieux vigneron, en se levant pour se promener de long en long[1] dans la salle et se haussant le thorax par un mouvement plein d'orgueil comme son mot : partout!

Par la porte du couloir qui allait à la cuisine, il vit alors
895 la grande Nanon, assise à son feu, ayant une lumière et se préparant à filer là, pour ne pas se mêler à la fête.

« Nanon, dit-il en s'avançant dans le couloir, veux-tu bien éteindre ton feu, ta lumière, et venir avec nous? Pardieu! la salle est assez grande pour nous tous.

900 — Mais, monsieur, vous aurez du beau monde.

— Ne les vaux-tu pas bien? Ils sont de la côte d'Adam tout comme toi. »

Grandet revint vers le président et lui dit :

« Avez-vous vendu votre récolte?

905 — Non, ma foi, je la garde. Si maintenant le vin est bon, dans deux ans il sera meilleur[2]. Les propriétaires, vous le savez bien, se sont juré de tenir les prix convenus, et, cette année, les Belges ne l'emporteront pas sur nous. S'ils s'en vont, eh bien, ils reviendront.

910 — Oui, mais tenons-nous bien[3], dit Grandet d'un ton qui fit frémir le président.

— Serait-il en marché? » pensa Cruchot. (33)

---

1. Dans le sens de la longueur de la salle; 2. Dans *l'Europe littéraire* (1833), la fin de ce dialogue était différente : « [dans deux ans il sera meilleur]. — Ha, vous gardez?... dit Monsieur Grandet d'un ton qui fit frémir le président. — Est-ce que le vin ne se conserverait pas? pensa Cruchot. [En ce moment un coup de marteau]... »; 3. Restons bien d'accord.

======= **QUESTIONS** =======

33. Analysez l'attitude de Grandet au début de ce passage (lignes 871-880) : que signifie son regard? Le mélange de désinvolture à l'égard de ses visiteurs et de paternalisme un peu ostentatoire envers Nanon; quel est le motif profond de cette attitude (rapprochez des lignes 835-837)? — Comparez la fin de cette conversation avec la version de 1833, citée à la note 2 : l'esprit en est-il différent? Quelle nuance voyez-vous entre les deux rédactions? Expliquez pourquoi Balzac a été habile de terminer la conversation, dans les deux versions, sur une interrogation. — Quel rôle tient Grandet auprès des Saumurois (voir page 32, ligne 217)?

En ce moment, un coup de marteau annonça la famille Des Grassins, et leur arrivée interrompit une conversation commencée entre madame Grandet et l'abbé.

Madame Des Grassins était une de ces petites femmes vives, dodues, blanches et roses, qui, grâce au régime claustral[1] des provinces et aux habitudes d'une vie vertueuse, se sont conservées jeunes encore à quarante ans. Elles sont comme ces dernières roses de l'arrière-saison, dont la vue fait plaisir, mais dont les pétales ont je ne sais quelle froideur et dont le parfum s'affaiblit. Elle se mettait assez bien, faisait venir ses modes[2] de Paris, donnait le ton à la ville de Saumur et avait des soirées.

Son mari, ancien quartier-maître[3] dans la garde impériale, grièvement blessé à Austerlitz et retraité, conservait, malgré sa considération pour Grandet, l'apparente franchise[4] des militaires.

« Bonjour, Grandet », dit-il au vigneron en lui tendant la main et affectant une sorte de supériorité sous laquelle il écrasait toujours les Cruchot. « Mademoiselle, dit-il à Eugénie, après avoir salué madame Grandet, vous êtes toujours belle et sage, je ne sais, en vérité, ce que l'on peut vous souhaiter. »

Puis il présenta une petite caisse que son domestique portait, et qui contenait une bruyère du Cap, fleur nouvellement apportée en Europe et fort rare.

Madame Des Grassins embrassa très affectueusement Eugénie, lui serra la main et lui dit :

« Adolphe s'est chargé de vous présenter mon petit souvenir. »

Un grand jeune homme blond, pâle et frêle, ayant d'assez bonnes façons, timide en apparence, mais qui venait de dépenser à Paris, où il était allé faire son droit, huit ou dix mille francs en sus de sa pension, s'avança vers Eugénie, l'embrassa sur les deux joues, et lui offrit une boîte à ouvrage dont tous les ustensiles étaient en vermeil, véritable marchandise de pacotille[5], malgré l'écusson sur lequel un E. G. gothique assez bien gravé pouvait faire croire à une façon[6] très soignée.

1. *Claustral* : semblable à celui du cloître; 2. *Modes*, au pluriel, signifiait alors les ajustements du costume féminin; 3. *Quartier-maître* : officier du rang de lieutenant ou de capitaine, avec des attributions administratives; 4. *Franchise* : liberté de manières habituelle aux militaires; 5. *Pacotille* : marchandise de belle apparence, mais de peu de valeur, que les marins emportaient pour vendre aux populations d'outre-mer; 6. *Var.* : « [une boîte à ouvrage] en bois précieux dont tous les ustensiles étaient en vermeil, et sur le couvercle de laquelle un « E. G. » gothique était merveilleusement gravé. Eugénie l'ouvrit et [une de ces joies]... » (l'*Europe littéraire*, 1833).

En l'ouvrant, Eugénie eut une de ces joies inespérées et complètes qui font rougir, tressaillir, trembler d'aise les jeunes filles. Elle tourna les yeux sur son père, comme pour savoir
950 s'il lui était permis d'accepter, et M. Grandet dit un « Prends, ma fille! » dont l'accent[1] eût illustré un acteur. (34)

Les trois Cruchot restèrent stupéfaits en voyant le regard joyeux et animé lancé sur Adolphe Des Grassins par l'héritière, à qui de semblables richesses parurent inouïes. M. Des Grassins
955 offrit à Grandet une prise de tabac, en saisit une, secoua les grains tombés sur le ruban de la Légion d'honneur attaché à la boutonnière de son habit bleu, puis il regarda les Cruchot d'un air qui semblait dire : « Parez-moi cette botte-là! »

Madame Des Grassins jeta les yeux sur les bocaux bleus où
960 étaient les bouquets des Cruchot, en cherchant leurs cadeaux avec la bonne foi jouée[2] d'une femme moqueuse. Dans cette conjoncture délicate, l'abbé Cruchot laissa la société s'asseoir en cercle devant le feu et alla se promener au fond de la salle avec Grandet. Quand ces deux vieillards furent dans l'embra-
965 sure de la fenêtre la plus éloignée des Des Grassins :

« Ces gens-là, dit le prêtre à l'oreille de l'avare, jettent l'argent par les fenêtres.

— Qu'est-ce que cela fait, s'il rentre dans ma cave? répliqua le vigneron.

970 — Si vous vouliez donner des ciseaux d'or à votre fille, vous en auriez bien le moyen, dit l'abbé.

---

1. *Accent* : intonation; 2. *Joué* : simulé.

QUESTIONS

34. Comparez l'entrée de la famille Des Grassins à celle des Cruchot : aisance, présentation, cadeaux, accueil. Comprend-on pourquoi les Des Grassins arrivent toujours après les Cruchot (voir page 59, ligne 912)? Quelles conversations importantes se trouvent interrompues par leur entrée? — Comment Balzac réussit-il, en quelques lignes ou en quelques mots, à faire le portrait des membres de la famille Des Grassins? Représentent-ils la même catégorie de bourgeoisie provinciale que les Cruchot? Cherchez dans la famille Cruchot l'individu que l'on peut opposer à chaque membre de la famille Des Grassins. — Les cadeaux apportés : comparez la libéralité de chaque groupe rival. Que reflète la différence au point de vue psychologique? Comparez la rédaction définitive des lignes 943-946 avec celle qui est citée note 6, page 60; quel avantage présente la première? Rapprochez-la de la personnalité d'Adolphe. — Le comique des lignes 947-951 : la réaction des Grandet était-elle prévisible? En revanche, quel aspect de la psychologie d'Eugénie et quel sentiment se révèlent ici? Comment Balzac (lignes 950-951) sait-il évoquer sans décrire?

— Je lui donne mieux que des ciseaux, répondit Grandet.

— Mon neveu est une cruche, pensa l'abbé en regardant le président, dont les cheveux ébouriffés ajoutaient encore à
975 la mauvaise grâce de sa physionomie[1] brune. Ne pouvait-il inventer une petite bêtise qui eût du prix ?

— Nous allons faire votre partie, madame Grandet, dit madame Des Grassins.

— Mais nous sommes tous réunis, *nous pouvons* deux tables[2]...
980 — Puisque c'est la fête d'Eugénie, faites votre loto général, dit le père Grandet, ces deux enfants en seront. »

L'ancien tonnelier, qui ne jouait jamais à aucun jeu, montra sa fille et Adolphe. **(35)**

« Allons, Nanon, mets les tables.
985 — Nous allons vous aider, mademoiselle Nanon, dit gaiement madame Des Grassins, toute joyeuse de la joie qu'elle avait causée à Eugénie.

— Je n'ai jamais de ma vie été si contente, lui dit l'héritière. Je n'ai rien vu de si joli nulle part.
990 — C'est Adolphe qui l'a rapportée de Paris et qui l'a choisie, lui dit madame Des Grassins à l'oreille.

— Va, va ton train, damnée intrigante ! se disait le président ; si tu es jamais en procès, toi ou ton mari, votre affaire aura du mal à être bonne. »
995 Le notaire, assis dans son coin, regardait l'abbé d'un air calme en se disant :

« Les Des Grassins ont beau faire, ma fortune, celle de mon frère et celle de mon neveu, montent en somme à onze cent mille francs. Les Des Grassins en ont tout au plus la moitié,

---

1. Du manque d'attraits de son visage; 2. *Var.* : « il peut y avoir deux tables » *l'Europe littéraire*, 1833).

─────── **QUESTIONS** ───────

35. Les réactions devant le cadeau fait à Eugénie : analysez l'attitude de chacun; montrez que l'émulation explique l'attitude des uns et des autres. Le triomphe des Des Grassins : leur manque de discrétion est-il une maladresse? — La contre-attaque de l'abbé : pouvait-il espérer autre chose que les réponses de Grandet? Comment, en réalité, l'abbé et Grandet se trouvent-ils d'accord pour juger le cadeau? — Les préparatifs du jeu : en quoi Mme Des Grassins se montre-t-elle une fois encore comme une habile manœuvrière? Montrez la supériorité de *nous pouvons* (ligne 979) sur la première rédaction, citée note 2. Essayez d'analyser les raisons qui poussent Grandet à prononcer la phrase *ces deux enfants en seront*, désignant Adolphe et Eugénie (ligne 981). — Pourquoi Grandet ne joue-t-il à aucun jeu?

1000 et ils ont une fille : ils peuvent offrir ce qu'ils voudront ! héritière et cadeaux, tout sera pour nous un jour. »

A huit heures et demie du soir, deux tables étaient dressées.
La jolie madame Des Grassins avait réussi à mettre son fils
à côté d'Eugénie. Les acteurs de cette scène pleine d'intérêt,
1005 quoique vulgaire[1] en apparence, munis de cartons bariolés,
chiffrés, et de jetons en verre bleu, semblaient écouter les plaisanteries du vieux notaire, qui ne tirait pas un numéro sans
faire une remarque; mais tous pensaient aux millions de
M. Grandet.

1010 Le vieux tonnelier contemplait vaniteusement les plumes
roses, la toilette fraîche de madame Des Grassins, la tête
martiale du banquier, celle d'Adolphe, le président, l'abbé, le
notaire, et se disait intérieurement :

« Ils sont là pour mes écus. Ils viennent s'ennuyer ici pour
1015 ma fille. Hé ! ma fille ne sera ni pour les uns ni pour les autres,
et tous ces gens-là me servent de harpons pour pêcher ! » **(36)**

Cette gaieté de famille, dans ce vieux salon gris, mal éclairé
par deux chandelles; ces rires, accompagnés par le bruit du
rouet de la grande Nanon, et qui n'étaient sincères que sur
1020 les lèvres d'Eugénie ou de sa mère; cette petitesse[2] jointe à
de si grands intérêts; cette jeune fille qui, semblable à ces
oiseaux victimes du haut prix auquel on les met et qu'ils ignorent,
se trouvait traquée, serrée par des preuves d'amitié dont elle
était la dupe : tout contribuait à rendre cette scène tristement
1025 comique. N'est-ce pas d'ailleurs une scène de tous les temps
et de tous les lieux, mais ramenée à sa plus simple expression?
La figure[3] de Grandet exploitant le faux attachement des deux
familles, en tirant d'énormes profits, dominait ce drame et
l'éclairait. N'était-ce pas le seul dieu moderne auquel on ait

---

1. *Vulgaire :* banal; 2. *Petitesse :* mesquinerie; 3. *Figure :* personnalité.

QUESTIONS

36. Pourquoi Mme Des Grassins propose-t-elle d'aider Nanon? Dans
quelle mesure la sincérité et le calcul se mêlent-ils dans ses sentiments?
— Appréciez les commentaires du président et du notaire : ce qu'ils
révèlent de leur caractère; lequel des deux vous paraît raisonner le plus
juste par rapport au vieil avare? — Commentez l'expression *Les acteurs
de cette scène* (ligne 1004); comment est-elle développée et précisée par les
phrases qui suivent? Quelle comédie se joue sous nos yeux? — Le lecteur
est-il surpris de découvrir que Grandet refuse sa fille aux Cruchot comme
aux Des Grassins? Quelle place Eugénie tient-elle dans les préoccupations
de son père?

foi, l'Argent dans toute sa puissance, exprimé par une seule physionomie[1]?

Les doux sentiments de la vie n'occupaient là qu'une place secondaire; ils animaient trois cœurs purs, ceux de Nanon. d'Eugénie et de sa mère. Encore, combien d'ignorance dans leur naïveté! Eugénie et sa mère ne savaient rien de la fortune de Grandet, elles n'estimaient[2] les choses de la vie qu'à la lueur de leurs pâles idées, et ne prisaient ni ne méprisaient l'argent, accoutumées qu'elles étaient à s'en passer. Leurs sentiments, froissés à leur insu, mais vivaces, le secret[3] de leur existence en faisaient des exceptions curieuses dans cette réunion de gens dont la vie était purement matérielle. Affreuse condition de l'homme! il n'y a pas un de ses bonheurs qui ne vienne d'une ignorance quelconque (37). Au moment où madame Grandet gagnait un lot de seize sous, le plus considérable qui eût jamais été ponté[4] dans cette salle, et que la grande Nanon riait d'aise en voyant madame empochant cette riche somme, un coup de marteau retentit à la porte de la maison et y fit un si grand tapage que les femmes sautèrent sur leurs chaises.

« Ce n'est pas un homme de Saumur qui frappe ainsi, dit le notaire.

— Peut-on cogner comme ça! dit Nanon. Veulent-ils casser notre porte?

— Quel diable est-ce? » s'écria Grandet.

Nanon prit une des deux chandelles et alla ouvrir, accompagnée de Grandet.

« Grandet! Grandet! » s'écria sa femme, qui, poussée par un vague sentiment de peur, s'élança vers la porte de la salle.

Tous les joueurs se regardèrent.

« Si nous y allions? dit M. Des Grassins. Ce coup de marteau me paraît malveillant. »

---

1. Celle de Grandet; 2. *Estimer* : évaluer; 3. *Secret* : isolement; 4. *Ponter* : mettre de l'argent sur un coup de cartes ou de dés.

QUESTIONS

37. Est-ce la première fois que Balzac insère des réflexions personnelles dans le cours de l'action? Quelle est son intention? Qu'en déduire sur sa technique du roman? — Expliquez et discutez l'affirmation selon laquelle cette scène est *de tous les temps et de tous les lieux* (ligne 1025). — L'idéalisme de Balzac d'après les lignes 1032-1043. Dans quelle mesure le sentimentalisme romantique transparaît-il ici? Commentez la maxime qui termine ce passage (lignes 1042-1043).

A peine fut-il permis à M. Des Grassins d'apercevoir la figure d'un jeune homme accompagné du facteur[1] des messageries, qui portait deux malles énormes et traînait des sacs de nuit[2]. Grandet se retourna brusquement vers sa femme et lui dit :

« Madame Grandet, allez à votre loto. Laissez-moi m'entendre avec monsieur. » **(38)**

Puis il tira vivement la porte de la salle, où les joueurs agités reprirent leurs places, mais sans continuer le jeu.

1070 « Est-ce quelqu'un de Saumur, monsieur Des Grassins? lui dit sa femme.

— Non, c'est un voyageur.

— Il ne peut venir que de Paris.

— En effet, dit le notaire, en tirant sa vieille montre épaisse

1075 de deux doigts[3] et qui ressemblait à un vaisseau hollandais, il est *neuffe-s-heures*. Peste! la diligence du Grand Bureau n'est jamais en retard.

— Et ce monsieur est-il jeune? demanda l'abbé Cruchot.

— Oui, répondit M. Des Grassins. Il apporte des paquets

1080 qui doivent peser au moins trois cents kilos.

— Nanon ne revient pas, dit Eugénie.

— Ce ne peut être qu'un de vos parents, dit le président.

— Faisons les mises, s'écria doucement madame Grandet. A sa voix, j'ai vu que M. Grandet était contrarié; peut-être

1085 ne serait-il pas content de s'apercevoir que nous parlons de ses affaires.

— Mademoiselle, dit Adolphe à sa voisine, ce sera sans doute votre cousin Grandet, un bien joli jeune homme que j'ai vu au bal de M. de Nucingen[4]. »

1090 Adolphe ne continua pas, sa mère lui marcha sur le pied; puis, en lui demandant à haute voix deux sous pour sa mise :

---

1. *Facteur :* employé qui charge, décharge et livre les objets transportés; 2. *Sac de nuit :* sac où l'on met, en voyage, les objets de première nécessité utiles à l'étape; 3. Le *doigt* (mesure approximative) équivalait à un travers de doigt; 4. Le *baron de Nucingen :* type de financier créé par Balzac. Voir *le Père Goriot, la Maison Nucingen, Splendeurs et misères de courtisanes*, et bien d'autres romans où il est fait allusion à la carrière de ce personnage.

QUESTIONS

38. Relevez tous les éléments qui donnent à cette arrivée inattendue un caractère mélodramatique. En quoi cette intrusion constitue-t-elle un scandale pour la famille et les invités? — Comment l'attitude de Grandet maintient-elle le mystère, tout en laissant croire à un événement qui n'est pas complètement imprévu? Analysez les sentiments du lecteur à ce moment. — Pourquoi le romancier ne dit-il pas un mot d'Eugénie dans ce passage?

« Veux-tu te taire, grand nigaud! » lui dit-elle à l'oreille. **(39)**

En ce moment, Grandet rentra sans la grande Nanon, dont
le pas et celui du facteur retentirent dans les escaliers; il était
1095 suivi du voyageur qui depuis quelques instants excitait tant de
curiosité et préoccupait si vivement les imaginations que son
arrivée en ce logis et sa chute au milieu de ce monde peut[1] être
comparée à celle d'un colimaçon dans une ruche ou à l'intro-
duction d'un paon dans quelque obscure basse-cour de village.

« Asseyez-vous auprès du feu », lui dit Grandet.

Avant de s'asseoir, le jeune étranger salua très gracieusement
l'assemblée. Les hommes se levèrent pour répondre par une
inclination polie, et les femmes firent une révérence cérémo-
nieuse. **(40)**

1105 « Vous avez sans doute froid, monsieur? dit madame Grandet;
vous arrivez peut-être de...?

— Voilà bien les femmes! dit le vieux vigneron en quittant
la lecture d'une lettre qu'il tenait à la main; laissez donc
monsieur se reposer.

1110 — Mais, mon père, monsieur a peut-être besoin de quelque
chose, dit Eugénie.

— Il a une langue », répondit sévèrement le vigneron.

L'inconnu fut seul surpris de cette scène. Les autres personnes étaient faites aux façons despotiques du bonhomme.
1115 Néanmoins, quand ces deux demandes et ces deux réponses
furent échangées, l'inconnu se leva, présenta le dos au feu,
leva l'un de ses pieds pour chauffer la semelle de ses bottes
et dit à Eugénie :

« Ma cousine, je vous remercie, j'ai dîné à Tours. Et, ajouta-t-il

---

1. Accord du verbe avec un seul sujet, la seconde expression *(sa chute au milieu
de ce monde)* développant l'idée enfermée dans la première *(son arrivée en ce logis).*

——— QUESTIONS ———

39. Comment la conversation, tout en conservant sa vraisemblance,
renseigne-t-elle le lecteur? D'après les répliques de l'abbé, de M. Des
Grassins et du président, montrez l'importance de cette arrivée pour
les préoccupations des personnages présents. — Expliquez l'attitude de
Mme Grandet. — Quelle bévue a commise Adolphe? Jugez de son importance par la vivacité de réaction chez sa mère. — Le neveu de Grandet
est-il un personnage tout à fait inconnu du lecteur? Quand y a-t-il été
fait allusion?

40. L'arrivée du jeune étranger : relevez les détails qui, confirmant
la conversation des invités, donnent l'essentiel de ce qu'il nous faut
savoir : 1° pour situer le personnage par rapport à ceux qui sont chez
Grandet; 2° pour comprendre les sentiments qu'il inspire. — A quoi
Balzac le compare-t-il? Montrez le pittoresque de ces comparaisons.

1120 en regardant Grandet, je n'ai besoin de rien, je ne suis même
point fatigué.

— Monsieur vient de la capitale? » demanda madame Des
Grassins.

M. Charles, ainsi se nommait le fils de M. Grandet, de
1125 Paris, en s'entendant interpeller, prit un petit lorgnon[1] sus-
pendu par une chaîne à son col, l'appliqua sur son œil droit
pour examiner ce qu'il y avait sur la table et les personnes qui
y étaient assises, lorgna fort impertinemment madame Des
Grassins et lui dit, après avoir tout vu :
1130 « Oui madame. — Vous jouez au loto, ma tante, ajouta-t-il;
je vous en prie, continuez votre jeu, il est trop amusant pour
le quitter...

— J'étais sûre que c'était le cousin, pensait madame Des
Grassins en lui jetant de petites œillades.
1135 — 47, cria le vieil abbé. Marquez donc, madame Des Grassins, n'est-ce pas votre numéro? »

M. Des Grassins mit un jeton sur le carton de sa femme,
qui, saisie par de tristes pressentiments, observa tour à tour
le cousin de Paris et Eugénie, sans songer au loto. De temps
1140 en temps la jeune héritière lança de furtifs regards à son cousin,
et la femme du banquier put facilement y découvrir un *crescendo*
d'étonnement ou de curiosité. **(41)**

---

1. Le *lorgnon* est ici une sorte de monocle dont la monture est fixée à une petite
tige de métal ou d'écaille, comme les faces-à-main. En bien des cas, cet instrument
n'était qu'un bibelot qui faisait partie de l'accoutrement général d'une personne
à la mode.

——— **QUESTIONS** ———

41. SUR L'ENSEMBLE DU PREMIER CHAPITRE. — La composition du chapitre : montrez-en le mouvement continu; comment passe-t-on des
descriptions générales aux descriptions plus précises, puis aux portraits
et au récit?

— L'art de la description chez Balzac : comment les descriptions
sont-elles composées? La multiplicité des détails nuit-elle à l'unité de
l'ensemble? Comment Balzac arrive-t-il à dégager l'impression dominante
qu'il veut communiquer au lecteur?

— Les portraits : dans quelle mesure peut-on comparer la technique
du portrait et celle de la description?

— La place et l'importance des dialogues : faut-il les comparer à des
dialogues de théâtre?

— Dans quel genre de roman semble-t-on s'engager? Quel est le problème posé, et, à la fin de ce chapitre, peut-on imaginer quelles péripéties
vont survenir?

— Quelle image Balzac se fait-il de la vie de province, d'après ce chapitre?

II

LE COUSIN DE PARIS

M. Charles Grandet, beau jeune homme de vingt-deux ans, produisait en ce moment un singulier contraste avec les bons provinciaux que déjà ses manières aristocratiques révoltaient passablement, et que[1] tous étudiaient pour se moquer de lui.
5 Ceci veut une explication.

A vingt-deux ans les jeunes gens sont encore assez voisins de l'enfance pour se laisser aller à des enfantillages. Aussi peut-être sur cent d'entre eux s'en rencontrerait-il bien quatre-vingt-dix-neuf qui se seraient conduits comme se conduisait Charles
10 Grandet. Quelques jours avant cette soirée, son père lui avait dit d'aller pour quelques mois chez son frère de Saumur. Peut-être M. Grandet, de Paris, pensait-il à Eugénie. Charles, qui tombait en province pour la première fois, eut la pensée d'y paraître avec la supériorité d'un jeune homme à la mode,
15 de désespérer l'arrondissement par son luxe, d'y faire époque et d'y importer les inventions de la vie parisienne. Enfin, pour tout expliquer d'un mot, il voulait passer à Saumur plus de temps qu'à Paris à se brosser les ongles et y affecter l'excessive recherche de mise que parfois un jeune homme élégant aban-
20 donne pour une négligence qui ne manque pas de grâce. (1)

Charles emporta donc le plus joli costume de chasse, le plus joli fusil, le plus joli couteau, la plus jolie gaine de Paris. Il emporta sa collection de gilets les plus ingénieux : il y en avait de gris, de blancs, de noirs, de couleur scarabée, à reflets d'or,
25 de pailletés, de chinés, de doubles, à châle[2], ou droits de col, à col renversé, de boutonnés jusqu'en haut, à boutons d'or.

(excessif → l'impression d'un dandy)

*pres-
que
bon*

---

1. Ce relatif renvoie à Charles Grandet; la coordination serait équivoque sans la virgule qui précède; 2. *Châle :* col à rebords qui se rejoignent à la fermeture du gilet.

(lu's a B.P.)

──────── QUESTIONS ────────

1. Rattachez ces considérations à la fin du chapitre précédent; définissez le rôle que se donne ici le romancier en apportant une *explication* après coup. Comment le lecteur participe-t-il alors au propos du romancier? — Quel état d'esprit Balzac prête-t-il à Charles Grandet? Pour l'instant, Charles apparaît-il comme un type ou comme un individu? — A quoi reconnaît-on l'indulgence du romancier pour son personnage? Ne peut-on reprocher à Balzac d'avoir inventé et modelé son personnage de manière à mieux mettre en valeur un des thèmes du roman : le contraste entre la province et Paris?

Charles, le B.P.

« Il ne passe personne dans la rue qui ne soit étudié. Aussi, jadis, quand un étranger arrivait dans une ville de province, était-il gaussé de porte en porte. » (Page 29.)

Illustration de Valérie Rottenbourg, pour *Eugénie Grandet* (1921).

Il emporta toutes les variétés de cols et de cravates[1] en faveur
à cette époque. Il emporta deux habits de Buisson et son
linge le plus fin. Il emporta sa jolie toilette[2] d'or, présent de
30 sa mère. Il emporta ses colifichets[3] de dandy[4] sans oublier
une ravissante petite écritoire donnée par la plus aimable des
femmes, pour lui du moins, par une grande dame qu'il nommait Annette, et qui voyageait maritalement, ennuyeusement
en Écosse, victime de quelques soupçons auxquels besoin était
35 de sacrifier momentanément son bonheur; puis force joli
papier pour lui écrire une lettre par quinzaine. Ce fut enfin
une cargaison de futilités parisiennes aussi complète qu'il
était possible de la faire, et où, depuis la cravache qui sert
à commencer un duel jusqu'aux beaux pistolets ciselés qui le
40 terminent, se trouvaient tous les instruments aratoires dont se
sert un jeune oisif pour labourer la vie. Son père lui ayant dit
de voyager seul et modestement, il était venu dans le coupé[5]
de la diligence retenu pour lui seul, assez content de ne pas
gâter une délicieuse voiture de voyage commandée pour
45 aller au-devant de son Annette, la grande dame que... etc.,
et qu'il devait rejoindre en juin prochain aux eaux de
Baden. (2)

Charles comptait rencontrer cent personnes chez son oncle,
chasser à courre dans les forêts de son oncle, y vivre enfin de

---

1. La *cravate* était une longue bande d'étoffe que l'on enroulait à plusieurs tours
par-dessus le col; *Buisson* était un tailleur installé au coin de la rue de Richelieu et
du Boulevard. Balzac fut son client, et aussi son locataire et son débiteur; ce personnage réapparaît dans trois autres volumes de *la Comédie humaine : Autre étude de
femme*, III; *le Cabinet des antiques*, IV, et la *Physiologie du mariage*, X; 2. *Toilette :*
ensemble des objets nécessaires à la toilette, dans leur trousse ou leur coffret; 3. *Coli-
fichet :* petits objets de fantaisie; 4. *Dandy :* mot anglais, qui désigne un homme
d'une élégance raffinée; le dandysme, qui s'accompagne aussi d'un mépris insolent
pour le conformisme bourgeois, passa d'Angleterre en France : Balzac et Musset
donnèrent dans le dandysme; 5. Le *coupé* était le compartiment antérieur d'une
diligence, qui en comprenait deux autres : l'*intérieur* au milieu, la *rotonde* en arrière.
Sur l'impériale, derrière le cocher, se trouvait la *banquette*, derrière laquelle on mettait
les colis. Les petites diligences n'avaient que deux compartiments.

QUESTIONS

---

2. Le style de cette description : étudiez-en le vocabulaire, en insistant
sur l'emploi de certains adjectifs. A quel genre de comique traditionnel
appartient le procédé d'énumération utilisé ici ? — Dans quelle mesure
le portrait de Charles se dessine-t-il à travers la description de tous les
accessoires (vêtements, bibelots, voiture, maîtresse) qui entourent sa vie?
Qu'en déduire sur la personnalité de Charles? — En quoi consiste le
« dandysme » de Charles?

la vie de château; il ne savait pas le trouver à Saumur, où il ne
50 s'était informé de lui que pour demander le chemin de Froidfond; mais, en le sachant en ville, il crut l'y voir dans un grand
hôtel. Afin de débuter convenablement chez son oncle, soit à
Saumur, soit à Froidfond, il avait fait la toilette de voyage la
plus coquette, la plus simplement recherchée, la plus adorable,
55 pour employer le mot qui dans ce temps résumait les perfections
spéciales d'une chose ou d'un homme. A Tours, un coiffeur
venait de lui refriser ses beaux cheveux châtains; il y avait changé
de linge et mis une cravate de satin noir, combinée avec un col
rond de manière à encadrer agréablement sa blanche et rieuse
60 figure. Une redingote de voyage à demi boutonnée lui pinçait
la taille et laissait voir un gilet de cachemire à châle sous lequel
était un second[1] gilet blanc. Sa montre, négligemment abandonnée au hasard dans une poche, se rattachait par une courte
chaîne d'or à l'une des boutonnières. Son pantalon gris se
65 boutonnait sur les côtés, où des dessins brodés en soie noire
enjolivaient les coutures. Il maniait agréablement une canne
dont la pomme d'or sculptée n'altérait point la fraîcheur
de ses gants gris. Enfin sa casquette était d'un goût
excellent.

Un Parisien, un Parisien de la sphère la plus élevée, pouvait
70 seul et s'agencer ainsi sans paraître ridicule, et donner une
harmonie de fatuité à toutes ces niaiseries, que soutenait d'ailleurs un air brave[2], l'air d'un jeune homme qui a de beaux
pistolets, le coup sûr et Annette. (3)

Maintenant, si vous voulez bien comprendre la surprise
75 respective des Saumurois et du jeune Parisien, voir parfaitement

---

1. Mode imitée des Muscadins qui, en 1793, portaient trois ou quatre gilets sous
leur capote; 2. *Brave :* assuré.

──────── **QUESTIONS** ────────

3. La vie du père Grandet imaginée par Charles : d'où vient qu'il a
pu se faire tant d'illusions? Quelle est à ce moment la réaction du lecteur,
qui vit depuis le début du roman dans l'atmosphère saumuroise et dans
la société des Grandet? — La description de la toilette de Charles : en
quoi cette description complète-t-elle ce qui avait été dit aux lignes 21-41?
Voyons-nous mieux le personnage lui-même? Relevez les adjectifs et les
tournures de phrase qui reflètent l'opinion avantageuse que le jeune
homme a de lui-même; à partir de quel moment le romancier réapparaît-il
pour juger « objectivement » son personnage? Malgré l'ironie, Balzac
ne laisse-t-il pas percer sa sympathie pour le dandy?

le vif éclat que l'élégance du voyageur jetait au milieu des
ombres grises de la salle et des figures qui composaient le tableau
de famille, essayez de vous représenter les Cruchot. Tous les
trois prenaient du tabac et ne songeaient plus depuis longtemps
80 à éviter ni les roupies[1], ni les petites galettes noires qui parse-
maient le jabot[2] de leurs chemises rousses, à cols recroquevillés
et à plis jaunâtres. Leurs cravates molles se roulaient en corde
aussitôt qu'ils se les étaient attachées au cou. L'énorme quantité de linge qui leur permettait de ne faire la lessive que tous
85 les six mois, et de le garder au fond de leurs armoires, laissait
le temps y imprimer ses teintes grises et vieilles. Il y avait en
eux une parfaite entente de mauvaise grâce[3] et de sénilité. Leurs
figures, aussi flétries que l'étaient leurs habits râpés, aussi
plissées que leurs pantalons, semblaient usées, racornies, et
90 grimaçaient.

La négligence générale des autres costumes, tous incomplets,
sans fraîcheur, comme le sont les toilettes de province, où l'on
arrive insensiblement à ne plus s'habiller les uns pour les autres
et à prendre garde au prix d'une paire de gants, s'accordait
95 avec l'insouciance des Cruchot. L'horreur de la mode était le
seul point sur lequel les grassinistes et les cruchotins s'enten-
dissent parfaitement (**4**). Le Parisien prenait-il son lorgnon[4]
pour examiner les singuliers accessoires de la salle, les solives
du plancher, le ton des boiseries ou les points que les mouches
100 y avaient imprimés et dont le nombre aurait suffi pour ponctuer
l'*Encyclopédie méthodique* et *le Moniteur*[5], aussitôt les joueurs

---

1. *Roupie :* goutte au nez; 2. *Jabot :* ornement de mousseline ou de dentelle au
plastron d'une chemise; 3. *Mauvaise grâce :* manque de tenue, inélégance; 4. *Lorgnon :* voir page 67, note 1; 5. L'*Encyclopédie méthodique par ordre des matières*,
par Panckouke et Agasse (1781-1782), comptait plus de deux cents volumes. *Le
Moniteur* fut fondé en novembre 1789 : devenu journal officiel sous l'Empire et sous
la Restauration, ce journal donnait des comptes rendus des débats parlementaires;
il était de ce fait plus volumineux que les autres gazettes; d'où la plaisanterie du
romancier.

■──── **QUESTIONS** ────────────

4. La peinture des Saumurois : comment la présence de Charles met-elle
en relief un aspect de leur personne que le romancier n'avait point encore
fait remarquer? — Le jeu des contrastes dans cette page et le réalisme
satirique du style : peut-on deviner les goûts et les préférences de Balzac
d'après ce passage? — Pourquoi avoir choisi les Cruchot comme exemples
de la médiocrité vestimentaire de la province? Quelle est toutefois l'importance de la dernière phrase (lignes 95-97) pour confirmer l'opposition
fondamentale entre Paris et la province?

de loto levaient le nez et le considéraient avec autant de curiosité qu'ils en eussent manifesté pour une girafe. M. Des Grassins
et son fils, auxquels la figure d'un homme à la mode n'était
105 pas inconnue, s'associèrent néanmoins à l'étonnement de leurs
voisins, soit qu'ils éprouvassent l'indéfinissable influence d'un
sentiment général, soit qu'ils l'approuvassent, en disant à leurs
compatriotes par des œillades pleines d'ironie : « Voilà comme
ils sont à Paris. » **(5)**

110 Tous pouvaient, d'ailleurs, observer Charles à loisir, sans
craindre de déplaire au maître du logis. Grandet était absorbé
dans la longue lettre qu'il tenait, et il avait pris pour la lire
l'unique flambeau de la table, sans se soucier de ses hôtes ni
de leur plaisir. Eugénie, à qui le type d'une perfection sem-
115 blable, soit dans la mise, soit dans la personne, était entièrement
inconnu, crut voir en son cousin une créature descendue de
quelque région séraphique. Elle respirait avec délices les par-
fums exhalés par cette chevelure si brillante, si gracieusement
bouclée. Elle aurait voulu pouvoir toucher la peau blanche de
120 ces jolis gants fins. Elle enviait les petites mains de Charles,
son teint, la fraîcheur et la délicatesse de ses traits. Enfin, si
toutefois cette image peut résumer les impressions que le jeune
élégant produisit sur une ignorante fille sans cesse occupée à
rapetasser[1] des bas, à ravauder la garde-robe de son père, et
125 dont la vie s'était écoulée sous ces crasseux lambris sans voir
dans cette rue silencieuse plus d'un passant par heure, la vue
de son cousin fit sourdre en son cœur les émotions de fine
volupté que causent à un jeune homme les fantastiques figures
de femmes dessinées par Westall[2] dans les keepsakes[3] anglais
130 et gravées par les Finden[4] d'un burin si habile qu'on a peur,
en soufflant sur le vélin, de faire envoler ces apparitions célestes.

Charles tira de sa poche un mouchoir brodé par la grande

---

1. *Rapetasser* : raccommoder des choses très usées (mot péjoratif et plus fort que
ravauder); 2. *Richard Westall* : dessinateur, aquarelliste et graveur anglais (1765-1836);
3. *Keepsake* : album illustré de gravures; 4. *Guillaume Finden* : graveur anglais
(1782-1852).

─────── **QUESTIONS** ───────

5. Après la longue « explication » des pages précédentes, comment
revient-on au récit? Dans quelle attitude caractéristique retrouve-t-on
Charles? — Quelle comparaison déjà employée (voir chapitre premier,
page 66, ligne 1098) se trouve reprise à la ligne 103? — Expliquez le
comportement des Des Grassins père et fils : la part de lâcheté, de
conformisme dans leur attitude.

dame qui voyageait en Écosse. En voyant ce joli ouvrage fait avec amour pendant les heures perdues pour l'amour, Eugénie
135 regarda son cousin pour savoir s'il allait bien réellement s'en servir. Les manières de Charles, ses gestes, la façon dont il prenait son lorgnon[1], son impertinence affectée, son mépris pour le coffret qui venait de faire tant de plaisir à la riche héritière et qu'il trouvait évidemment ou sans valeur ou ridi-
140 cule; enfin tout ce qui choquait les Cruchot et les Des Grassins lui plaisait si fort qu'avant de s'endormir elle dut rêver longtemps à ce phénix[2] des cousins. **(6)**

Les numéros se tiraient fort lentement, mais bientôt le loto fut arrêté. La grande Nanon entra et dit tout haut :
145 « Madame, va falloir me donner des draps pour faire le lit à ce monsieur. »

Madame Grandet suivit Nanon. Madame Des Grassins dit alors à voix basse :

« Gardons nos sous et laissons le loto. »
150 Chacun reprit ses deux sous dans la vieille soucoupe écornée où il les avait mis; puis l'assemblée se remua en masse et fit un quart de conversion[3] vers le feu.

« Vous avez donc fini? dit Grandet sans quitter sa lettre.

— Oui, oui », répondit madame Des Grassins en venant
155 prendre place près de Charles. **(7)**

---

1. *Lorgnon* : voir page 67, note 1; 2. Le *phénix* était un oiseau fabuleux, unique en son espèce, qui vivait plusieurs siècles et qui, brûlé, renaissait de sa cendre. Au figuré, un phénix est une personne unique en son genre, supérieure aux autres; 3. Se tourna d'un quart de tour.

———— QUESTIONS ————

6. Pourquoi Balzac a-t-il fait attendre jusqu'ici les réflexions d'Eugénie sur son cousin? D'où vient qu'elle ne soit pas contaminée par le sentiment général? — Montrez qu'Eugénie réagit par comparaison avec elle-même. A-t-elle raison d'imaginer que Charles trouve dérisoire le cadeau offert par Adolphe? Si on se rappelle sa joie en recevant ce cadeau (voir chapitre premier, lignes 946-951), voit-on la transformation qui s'opère en elle? Quelle est l'intensité des émotions qu'elle éprouve? De quels mots, de quelles comparaisons Balzac se sert-il pour la traduire? Cherchez dans ce passage des traces de naïveté chez Eugénie; en devient-elle ridicule ou attendrissante? Souffre-t-elle de sa médiocrité?

7. Quelle importance symbolique prend ici le loto? Que trahit la réflexion de Mme Des Grassins? Montrez que les mots *nos sous* (ligne 149) et *écornée* (ligne 150) accentuent cette impression. — L'attitude de Grandet laisse-t-elle penser qu'il vient de lire une lettre importante?

Eugénie, mue par une de ces pensées qui naissent au cœur des jeunes filles quand un sentiment s'y loge pour la première fois, quitta la salle pour aller aider sa mère et Nanon. Si elle avait été questionnée par un confesseur habile, elle lui eût
160 sans doute avoué qu'elle ne songeait ni à sa mère ni à Nanon, mais qu'elle était travaillée par un poignant[1] désir d'inspecter la chambre de son cousin pour s'y occuper de son cousin, pour y placer quoi que ce fût, pour obvier[2] à un oubli, pour y tout prévoir, afin de la rendre, autant que possible, élégante
165 et propre. Eugénie se croyait déjà seule capable de comprendre les goûts et les idées de son cousin.

En effet, elle arriva fort heureusement[3] pour prouver à sa mère et à Nanon, qui revenaient pensant avoir tout fait, que tout était à faire. Elle donna l'idée à la grande Nanon de
170 bassiner[4] les draps avec la braise du feu; elle couvrit elle-même la vieille table d'un napperon, et recommanda bien à Nanon de changer le napperon tous les matins. Elle convainquit sa mère de la nécessité d'allumer un bon feu dans la cheminée et détermina Nanon à monter, sans en rien dire à son
175 père, un gros tas de bois dans le corridor. Elle courut chercher dans une des encoignures[5] de la salle un plateau de vieux laque[6] qui venait de la succession de feu le vieux M. de La Bertellière, y prit également un verre de cristal à six pans, une petite cuiller dédorée, un flacon antique où étaient gravés des Amours, et
180 mit triomphalement le tout sur un coin de la cheminée. Il lui avait plus surgi d'idées en un quart d'heure qu'elle n'en avait eu depuis qu'elle était au monde. **(8)**

---

1. *Poignant* se dit généralement d'un sentiment vif et pénible; c'est l'intensité et la soudaineté qui sont retenues ici; 2. *Obvier à* : remédier à; 3. *Heureusement* : à temps; opportunément; 4. *Bassiner* : réchauffer en faisant glisser, entre les draps, une bassinoire — récipient à long manche contenant des braises; 5. *Encoignure* : meuble d'angle dont il a été question au premier chapitre; 6. *Laque* (masculin) : vernis de Chine, noir ou rouge.

————— QUESTIONS —————

8. Comment Balzac traduit-il l'extrême animation d'Eugénie? L'agitation de ses sentiments lui fait-elle toutefois perdre la tête? Montrez que son esprit inventif tire parti des faibles moyens qu'elle a à sa disposition. Qu'y a-t-il de dérisoire dans le résultat obtenu? — Comment, à votre avis, doit-on interpréter la dernière phrase (lignes 180-182) : avec ironie? avec attendrissement? avec amusement?

« Maman, dit-elle, jamais mon cousin ne supportera l'odeur d'une chandelle. Si nous achetions de la bougie[1]?... »

185 Elle alla, légère comme un oiseau, tirer de sa bourse l'écu de cent sous qu'elle avait reçu pour ses dépenses du mois.

« Tiens, Nanon, dit-elle, va vite.

— Mais que dira ton père? »

Cette objection terrible fut proposée par madame Grandet
190 en voyant sa fille armée d'un sucrier de vieux sèvres[2] rapporté du château de Froidfond par Grandet.

« Et où prendras-tu donc du sucre[3]? es-tu folle?

— Maman, Nanon achètera aussi bien du sucre que de la bougie.

195 — Mais ton père?

— Serait-il convenable que son neveu ne pût boire un verre d'eau sucrée? D'ailleurs il n'y fera pas attention.

— Ton père voit tout », dit madame Grandet en hochant la tête.

200 Nanon hésitait, elle connaissait son maître.

« Mais va donc, Nanon, puisque c'est ma fête! »

Nanon laissa échapper un gros rire en entendant la première plaisanterie que sa jeune maîtresse eût jamais faite, et lui obéit. (9)

205 Pendant qu'Eugénie et sa mère s'efforçaient d'embellir la chambre destinée par M. Grandet à son neveu, Charles se trouvait l'objet des attentions de madame Des Grassins, qui lui faisait des agaceries[4].

« Vous êtes bien courageux, monsieur, lui dit-elle, de quitter

---

1. La *bougie*, fabriquée avec de la cire, coûtait plus cher que la chandelle de suif;
2. *Vieux sèvres :* porcelaine fine, utilisée par la manufacture de Sèvres pour la fabrication d'objets d'art de haut luxe; 3. Le *sucre*, rare sous l'Empire à cause du blocus continental, avait baissé de prix sous la Restauration; l'habitude de l'économiser était restée chez les Grandet; 4. *Agaceries :* « Mines, manières, paroles par lesquelles une femme cherche à attirer l'attention » (Littré).

QUESTIONS

9. La vivacité de ce dialogue : comment donne-t-il à cette partie de la scène une allure plus dramatique? — Précisez quel genre d'émotion s'empare de chacun des trois personnages en scène. Soulignez la valeur d'obsession de *ton père* répété par Mme Grandet. Analysez la transfiguration d'Eugénie : sa cause (Eugénie en est-elle pleinement consciente, et pourquoi?); ses manifestations; ses répercussions possibles. Peut-on dire qu'Eugénie se révolte contre son père? Pourquoi Nanon lui obéit-elle finalement?

210 les plaisirs de la capitale pendant l'hiver pour venir habiter
Saumur. Mais, si nous ne vous faisons pas trop peur, vous
verrez que l'on peut encore s'y amuser. » **(10)**

Elle lui lança une véritable œillade[1] de province, où, par habitude, les femmes mettent tant de réserve et de prudence dans
215 leurs yeux qu'elles leur communiquent la friande concupiscence
particulière à ceux des ecclésiastiques, pour qui tout plaisir
semble ou un vol ou une faute.

Charles se trouvait si dépaysé dans cette salle, si loin du
vaste château et de la fastueuse existence qu'il supposait à
220 son oncle, qu'en regardant attentivement madame Des Grassins, il aperçut enfin une image à demi effacée des figures
parisiennes. Il répondit avec grâce à l'espèce d'invitation qui
lui était adressée, et il s'engagea naturellement une conversation, dans laquelle madame Des Grassins baissa graduel-
225 lement sa voix pour la mettre en harmonie avec la nature de
ses confidences. Il existait chez elle et chez Charles un même
besoin de confiance. Aussi, après quelques moments de causerie
coquette et de plaisanteries sérieuses, l'adroite provinciale put-
elle lui dire sans se croire entendue des autres personnes, qui
230 parlaient de la vente des vins, dont s'occupait en ce moment
tout le Saumurois :

« Monsieur, si vous voulez nous faire l'honneur de venir
nous voir, vous ferez très certainement autant de plaisir à
mon mari qu'à moi. Notre salon est le seul dans Saumur où
235 vous trouverez réunis le haut commerce et la noblesse[2] : nous
appartenons aux deux sociétés, qui ne veulent se rencontrer
que là, parce qu'on s'y amuse. Mon mari, je le dis avec orgueil,
est également considéré par les uns et par les autres. Ainsi
nous tâcherons de faire diversion à l'ennui de votre séjour ici.
240 Si vous restiez chez M. Grandet, que deviendriez-vous, bon
Dieu ! Votre oncle est un grigou qui ne pense qu'à ses provins[3] ;

---

1. *Œillade* : coup d'œil chargé d'un sens particulier destiné à n'être compris que
par la personne à qui la mimique est destinée ; 2. Il y eut, dès les premières années
de la Restauration, un vif essor industriel et commercial. Mais la noblesse, récemment rentrée en France avec ses privilèges, ne se mêlait pas à des milieux où le libé-
ralisme prenait fortement racine ; 3. *Provin* : rejeton d'un cep de vigne, enterré puis
détaché du pied dont il est issu dès qu'il a pris racine.

QUESTIONS

10. Pour quelle raison précise Mme Des Grassins pense-t-elle pouvoir
détourner l'attention de Charles à ce moment ? Quels personnages sont
absents de la scène ? — Montrez l'habileté de son entrée en matière :
la part de compliments qui y entre ; la communauté de pensée qui unit
ce début aux réflexions que se fait le jeune homme à cet instant.

votre tante est une dévote qui ne sait pas coudre deux idées,
et votre cousine est une petite sotte, sans éducation, commune,
sans dot, et qui passe sa vie à raccommoder des torchons. (11)

245 — Elle est très bien, cette femme, se dit en lui-même Charles
Grandet, en répondant aux minauderies de madame Des
Grassins.

— Il me semble, ma femme, que tu veux accaparer monsieur »,
dit en riant le gros et grand banquier.

250 A cette observation, le notaire et le président dirent des
mots plus ou moins malicieux; mais l'abbé les regarda d'un
air fin et résuma leurs pensées en prenant une pincée de tabac,
et offrant sa tabatière à la ronde :

« Qui mieux que madame, dit-il, pourrait faire à monsieur
255 les honneurs de Saumur?

— Ah çà! comment l'entendez-vous, monsieur l'abbé?
demanda M. Des Grassins.

— Je l'entends, monsieur, dans le sens le plus favorable
pour vous, pour madame, pour la ville de Saumur et pour
260 monsieur », ajouta le rusé vieillard en se tournant vers
Charles.

Sans paraître y prêter la moindre attention, l'abbé Cruchot
avait su deviner la conversation de Charles et de madame Des
Grassins.

« Monsieur, dit enfin Adolphe à Charles d'un air qu'il
265 aurait voulu rendre dégagé, je ne sais si vous avez conservé
quelque souvenir de moi; j'ai eu le plaisir d'être votre vis-à-vis
à un bal donné par M. le baron de Nucingen[1], et...

— Parfaitement, monsieur, parfaitement, répondit Charles,
surpris de se voir l'objet des attentions de tout le monde.

---

1. *Nucingen :* voir page 65, note 4.

QUESTIONS

---

11. Caractérisez l'attitude de Mme Des Grassins à l'égard de Charles.
Avait-on vu se préparer sa manœuvre? Quelles sont ses intentions et
leurs motifs? Que peut-il y avoir de commun entre elle et le jeune homme?
Évaluez les forces de chaque adversaire. Comment se manifestent le
sens mondain et la finesse de Mme Des Grassins (dans sa méthode, dans ses
paroles)? — Que signifie qu'ils ont *un même besoin de confiance* (ligne 227)?
Pourquoi cherche-t-elle à attirer Charles chez elle? Quel changement
de ton se produit au moment où Mme Des Grassins porte son jugement
sur les Grandet? — Appréciez dans ces jugements la part de la vérité
et celle de la médisance (tenez compte, en particulier, du *sans dot* en
fonction de ce qui l'entoure).

270   — Monsieur est votre fils? » demanda-t-il à madame Des Grassins.

L'abbé regarda malicieusement la mère.

« Oui, monsieur, dit-elle.

— Vous étiez donc bien jeune à Paris? reprit Charles en
275 s'adressant à Adolphe.

— Que voulez-vous, monsieur! dit l'abbé, nous les envoyons à Babylone¹ aussitôt qu'ils sont sevrés. »

Madame Des Grassins interrogea l'abbé par un regard d'une étonnante profondeur.

280 « Il faut venir en province, dit-il en continuant, pour trouver des femmes de trente et quelques années aussi fraîches que l'est madame, après avoir eu des fils bientôt licenciés en droit. Il me semble être encore au jour où les jeunes gens et les dames montaient sur des chaises pour vous voir danser au bal, madame,
285 ajouta l'abbé en se tournant vers son adversaire femelle. Pour moi, vos succès sont d'hier...

— Oh! le vieux scélérat! se dit en elle-même madame Des Grassins, me devinerait-il donc?

— Il paraît que j'aurai beaucoup de succès à Saumur », se
290 disait Charles en déboutonnant sa redingote, mettant la main dans son gilet et jetant son regard à travers les espaces pour imiter la pose donnée à lord Byron par Chantrey². **(12)**

L'inattention du père Grandet, ou, pour mieux dire, la

---

1. *Babylone :* capitale de l'ancienne Chaldée, une des villes les plus riches et les plus raffinées de l'Orient ancien. Le peuple hébreu y fut mené en captivité, et, dans toute la Bible, Babylone est citée comme un symbole de la corruption et de l'idolâtrie. Les prédicateurs usèrent de la même image pour désigner les grandes villes de l'époque moderne; 2. *George Gordon, lord Byron :* poète romantique anglais (1788-1824), auteur de *Childe Harold* et de *Don Juan*. Il était fort en honneur dans les milieux romantiques français. — *Francis Chantrey :* sculpteur anglais (1782-1842), artiste très académique qui représenta les plus grands personnages de son temps.

──── **QUESTIONS** ────

12. Quelle forme plus âpre prend ici la rivalité entre les Cruchot et les Des Grassins? Pourquoi l'abbé est-il le plus désigné pour lancer la contre-attaque? Montrez que son ironie, toute spirituelle qu'il veut être, se satisfait au fond d'allusions plutôt vulgaires. — Quel effet produit l'intervention d'Adolphe? Est-ce la première allusion qu'il fait à ce bal? Pourquoi sa mère, cette fois, n'intervient-elle pas? — Charles comprend-il de quelles manœuvres il est l'enjeu? Ses paroles et ses attitudes révèlent-elles cette supériorité parisienne, dont il est si fier? Comment son caractère se précise-t-il?

préoccupation dans laquelle le plongeait la lecture de sa lettre
295 n'échappa ni au notaire ni au président, qui tâchaient d'en
conjecturer le contenu par les imperceptibles mouvements de
la figure du bonhomme, alors fortement éclairée par la chandelle. Le vigneron maintenait difficilement le calme habituel de
sa physionomie. D'ailleurs chacun pourra se peindre la conte-
300 nance affectée par cet homme en lisant la fatale lettre que
voici : **(13)**

« Mon frère, voici bientôt vingt-trois ans que nous ne nous
sommes vus. Mon mariage a été l'objet de notre dernière
entrevue, après laquelle nous nous sommes quittés joyeux l'un
305 et l'autre. Certes je ne pouvais guère prévoir que tu serais
un jour le seul soutien de la famille, à la prospérité de laquelle
tu applaudissais alors. Quand tu tiendras cette lettre en tes
mains, je n'existerai plus. Dans la position où j'étais, je n'ai
pas voulu survivre à la honte d'une faillite. Je me suis tenu
310 sur le bord du gouffre jusqu'au dernier moment, espérant
surnager toujours. Il faut y tomber. Les banqueroutes réunies
de mon agent de change[1] et de Roguin[2], mon notaire, m'em-
portent mes dernières ressources et ne me laissent rien. J'ai
la douleur de devoir près de quatre millions sans pouvoir
315 offrir plus de vingt-cinq pour cent d'actif[3]. Mes vins emma-
gasinés éprouvent en ce moment la baisse ruineuse que causent
l'abondance et la qualité de vos récoltes. Dans trois jours,
Paris dira : « M. Grandet était un fripon! » Je me coucherai,
moi probe, dans un linceul d'infamie. Je ravis à mon fils et son
320 nom que j'entache et la fortune de sa mère. Il ne sait rien de

---

1. *Agent de change* : intermédiaire autorisé pour la négociation des effets publics;
2. Le notaire Roguin, personnage balzacien, apparaît plusieurs fois dans *la Comédie
humaine* : dans les *Scènes de la vie privée* (*la Vendetta*, I; *Autre étude de femme*, III);
dans les *Scènes de la vie de province* (*la Rabouilleuse*, III) et dans les *Scènes de la vie
parisienne* (*César Birotteau*, V; *la Muse du département*, IV; *les Petits Bourgeois*,
VII); **3.** *Vingt-cinq pour cent* de la dette, qui représente le passif.

QUESTIONS

13. Quelles traces de préoccupations l'auteur avait-il déjà laissé paraître
chez Grandet? Pourquoi est-ce le notaire et le président qui surveillent
la physionomie du vigneron?

cela, ce malheureux enfant que j'idolâtre. Nous nous sommes
dit adieu tendrement. Il ignorait, par bonheur, que les derniers
flots de ma vie s'épanchaient dans cet adieu. Ne me maudira-t-il
pas un jour? Mon frère, mon frère, la malédiction de nos
325 enfants est épouvantable! ils peuvent appeler[1] de la nôtre,
mais la leur est irrévocable. Grandet, tu es mon aîné, tu me
dois ta protection : fais que Charles ne jette aucune parole
amère sur ma tombe! Mon frère, si je t'écrivais avec mon sang
et mes larmes, il n'y aurait pas autant de douleurs que j'en
330 mets dans cette lettre; car je pleurerais, je saignerais, je serais
mort, je ne souffrirais plus; mais je souffre et vois la mort d'un
œil sec. Te voilà donc le père de Charles! Il n'a point de parents
du côté maternel, tu sais pourquoi. Pourquoi n'ai-je pas obéi
aux préjugés sociaux? Pourquoi ai-je cédé à l'amour? Pourquoi
335 ai-je épousé la fille naturelle d'un grand seigneur? Charles n'a
plus de famille. O mon malheureux fils! mon fils!... Écoute,
Grandet, je ne suis pas venu t'implorer pour moi; d'ailleurs
tes biens ne sont peut-être pas assez considérables pour supporter
une hypothèque[2] de trois millions; mais pour mon fils! sache-le
340 bien, mon frère, mes mains suppliantes se sont jointes en pensant à toi. Grandet, je te confie Charles en mourant. Enfin je
regarde mes pistolets sans douleur, en pensant que tu lui
serviras de père. Il m'aimait bien, Charles; j'étais si bon pour
lui, je ne le contrariais jamais : il ne me maudira pas. D'ailleurs
345 tu verras; il est doux, il tient de sa mère, il ne te donnera jamais
de chagrin. Pauvre enfant! accoutumé aux jouissances du luxe,
il ne connaît aucune des privations auxquelles nous a condamnés
l'un et l'autre notre première misère... Et le voilà ruiné, seul!
Oui, tous ses amis le fuiront, et c'est moi qui serai la cause de
350 ses humiliations. Ah! je voudrais avoir le bras assez fort pour
l'envoyer d'un seul coup dans les cieux, près de sa mère. Folie!
je reviens à mon malheur, à celui de Charles. Je te l'ai donc
envoyé pour que tu lui apprennes convenablement[3] et ma mort
et son sort à venir. Sois un père pour lui, mais un bon père.
355 Ne l'arrache pas tout à coup à sa vie oisive, tu le tuerais. Je
lui demande à genoux de renoncer aux créances qu'en qualité
d'héritier de sa mère il pourrait exercer contre moi. Mais c'est
une prière superflue; il a de l'honneur et sentira bien qu'il ne

---

1. *Appeler :* au sens juridique, demander un second jugement; 2. *Hypothèque :*
droit dont est grevée une propriété pour garantir le paiement d'une créance;
3. *Convenablement :* avec des ménagements.

doit pas se joindre à mes créanciers. Fais-le renoncer à ma
360 succession[1] en temps utile. Révèle-lui les dures conditions de
la vie que je lui fais; et, s'il me conserve sa tendresse, dis-lui
bien en mon nom que tout n'est pas perdu pour lui. Oui, le
travail, qui nous a sauvés tous deux, peut lui rendre la fortune
que je lui emporte; et, s'il veut écouter la voix de son père,
365 qui pour lui voudrait sortir un moment du tombeau, qu'il
parte, qu'il aille aux Indes[2]! Mon frère, Charles est un jeune
homme probe et courageux : tu lui feras une pacotille[3], il
mourrait plutôt que de ne pas te rendre les premiers fonds que
tu lui prêteras; car tu lui en prêteras, Grandet! sinon tu te
370 créerais des remords. Ah! si mon enfant ne trouvait ni secours
ni tendresse en toi, je demanderais éternellement vengeance à
Dieu de ta dureté. Si j'avais pu sauver quelques valeurs, j'avais
bien le droit de lui remettre une somme sur le bien de sa mère;
mais les payements de ma fin du mois avaient absorbé toutes
375 mes ressources. Je n'aurais pas voulu mourir dans le doute
sur le sort de mon enfant; j'aurais voulu sentir de saintes promesses dans la chaleur de ta main, qui m'eût réchauffé; mais
le temps me manque. Pendant que Charles voyage, je suis
obligé de dresser mon bilan. Je tâche de prouver par la bonne
380 foi qui préside à mes affaires qu'il n'y a dans mes désastres ni
faute ni improbité. N'est-ce pas m'occuper de Charles? — Adieu,
mon frère. Que toutes les bénédictions de Dieu te soient acquises
pour la généreuse tutelle que je te confie, et que tu acceptes,
je n'en doute pas. Il y aura sans cesse une voix qui priera pour
385 toi dans le monde où nous devons aller tous un jour, et où
je suis déjà. »

          « VICTOR-ANGE-GUILLAUME GRANDET. » **(14)**

---

1. *Renoncer à une succession* : abandonner toute participation aussi bien à l'actif
qu'au passif d'une succession; 2. *Les Indes.* On appelait ainsi l'Indochine et la péninsule indienne proprement dite; 3. *Pacotille* : voir page 60, note 5.

--------- ■ **QUESTIONS** ---------

14. La composition de cette lettre. Quels sentiments y exprime Guillaume Grandet à l'égard de son fils? à l'égard de son frère? à l'égard de
lui-même? Montrez que le style prend une expression et un rythme différents, selon les sentiments exprimés; étudiez le mélange de réalisme et
de pathétique. — Comparez la destinée des deux frères : qu'ont-elles eu
de semblable? Est-ce seulement la différence de caractère qui explique
que l'un soit ruiné et l'autre en pleine richesse? Comment s'opposent,
une fois de plus, Paris et la province? — D'après ce que nous savons de
Charles, pouvons-nous penser que son père se fait une juste image de
son caractère?

« Vous causez donc? » dit le père Grandet en pliant avec exactitude la lettre dans les mêmes plis[1] et la mettant dans
390 la poche de son gilet.

Il regarda son neveu d'un air humble et craintif, sous lequel il cacha ses émotions et ses calculs.

« Vous êtes-vous réchauffé?

— Très bien, mon cher oncle.

395 — Eh bien, où sont donc nos femmes? » dit l'oncle, oubliant déjà que son neveu couchait chez lui.

En ce moment Eugénie et madame Grandet rentrèrent.

« Tout est-il arrangé là-haut? leur demanda le bonhomme en retrouvant son calme.

400 — Oui, mon père.

— Eh bien, mon neveu, si vous êtes fatigué, Nanon va vous conduire à votre chambre. Dame, ce ne sera pas un appartement de *mirliflore*[2] mais vous excuserez de pauvres vignerons qui n'ont jamais le sou. Les impôts nous avalent tout.

405 — Nous ne voulons pas être indiscrets, Grandet, dit le banquier. Vous pouvez avoir à jaser avec votre neveu, nous vous souhaitons le bonsoir. A demain. »

A ces mots, l'assemblée se leva, et chacun fit la révérence suivant son caractère (15). Le vieux notaire alla chercher sous
410 la porte sa lanterne et vint l'allumer[3] en offrant aux Des Grassins de les reconduire. Madame Des Grassins n'avait pas prévu l'incident qui devait finir prématurément la soirée, et son domestique n'était pas arrivé.

« Voulez-vous me faire l'honneur d'accepter mon bras,
415 madame? dit l'abbé Cruchot à madame Des Grassins.

---

1. Les lettres étaient constituées par une feuille que l'on pliait d'une façon plus ou moins compliquée, de manière à mettre en dehors la suscription : on en fixait le dernier pli avec un cachet de cire ; 2. *Mirliflore* : jeune homme élégant, avec une nuance légèrement péjorative ; 3. En 1819, l'éclairage nocturne était encore rudimentaire.

QUESTIONS

15. Les réactions de Grandet après sa lecture : pourquoi Balzac note-t-il la façon dont le vieillard plie la lettre? Cherchez dans ce geste la part de l'émotion et celle de la dissimulation. — Quelle est la double intention de Grandet dans sa réplique des lignes 401-404? Peut-on prévoir la décision qu'il a déjà prise? A quelle ruse traditionnelle de l'avare a-t-il recours ici?

— Merci, monsieur l'abbé. J'ai mon fils, répondit-elle sèchement.

— Les dames ne sauraient se compromettre avec moi, dit l'abbé.

420 — Donne donc le bras à M. Cruchot », lui dit son mari.

L'abbé emmena la jolie dame assez lestement[1] pour se trouver à quelques pas en avant de la caravane. **(16)**

« Il est très bien ce jeune homme, madame, lui dit-il en lui serrant le bras. *Adieu, paniers; vendanges sont faites!* Il vous
425 faut dire adieu à mademoiselle Grandet, Eugénie sera pour le Parisien. A moins que ce cousin ne soit amouraché d'une Parisienne, votre fils Adolphe va rencontrer en lui le rival le plus...

— Laissez donc, monsieur l'abbé. Ce jeune homme ne tar-
430 dera pas à s'apercevoir qu'Eugénie est une niaise, une fille sans fraîcheur. L'avez-vous examinée? Elle était, ce soir, jaune comme un coing.

— Vous l'avez peut-être déjà fait remarquer au cousin?

— Et je ne m'en suis pas gênée...

435 — Mettez-vous toujours auprès d'Eugénie, madame, et vous n'aurez pas grand'chose à dire à ce jeune homme contre sa cousine, il fera de lui-même une comparaison qui...

— D'abord il m'a promis de venir dîner après-demain chez moi.

440 — Ah! si vous vouliez, madame..., dit l'abbé.

— Et que voulez-vous que je veuille, monsieur l'abbé? Entendez-vous ainsi me donner de mauvais conseils? Je ne suis pas arrivée à l'âge de trente-neuf ans, avec une réputation sans tache, Dieu merci, pour la compromettre, même quand
445 il s'agirait de l'empire du Grand-Mogol[2]. Nous sommes à un âge, l'un et l'autre, auquel on sait ce que parler veut dire.

---

1. *Lestement* : rapidement; **2.** L'empire des Mongols, fondé par Gengis khan au début du XIIIe siècle, rétabli après plusieurs vicissitudes au XVIe siècle, sous le nom d'*Empire du Grand Mogol ;* il atteignit son apogée sous Aurengzeb, au XVIIe siècle, et disparut en 1806. Il était symbole de richesse et de puissance.

——— QUESTIONS ———

16. Quel concours de circonstances permet au romancier de laisser en présence les Cruchot et les Des Grassins? Montrez que le dynamisme du récit en entraînant le lecteur, fait accepter à ce dernier bien des coïncidences ménagées par le romancier. — Quels représentants des deux clans se trouvent maintenant en présence?

Pour un ecclésiastique, vous avez en vérité des idées bien incongrues[1]. Fi! Cela est digne de Faublas[2].

— Vous avez donc lu Faublas?

450 — Non, monsieur l'abbé, je voulais dire les Liaisons Dangereuses[3].

— Ah! ce livre est infiniment plus moral, dit en riant l'abbé. Mais vous me faites aussi pervers que l'est un jeune homme d'aujourd'hui! Je voulais simplement vous...

455 — Osez me dire que vous ne songiez pas à me conseiller de vilaines choses. Cela n'est-il pas clair? Si ce jeune homme, qui est très bien, j'en conviens, me faisait la cour, il ne penserait pas à sa cousine. A Paris, je le sais, quelques bonnes mères se dévouent ainsi pour le bonheur et la fortune de leurs enfants; 460 mais nous sommes en province, monsieur l'abbé.

— Oui, madame.

— Et, reprit-elle, je ne voudrais pas, ni Adolphe lui-même ne voudrait pas de cent millions achetés à ce prix...

— Madame, je n'ai point parlé de cent millions. La tentation 465 eût été peut-être au-dessus de nos forces à l'un et à l'autre. Seulement, je crois qu'une honnête femme peut se permettre, en tout bien tout honneur, de petites coquetteries sans conséquence, qui font partie de ses devoirs en société, et qui...

— Vous croyez?

470 — Ne devons-nous pas, madame, tâcher de nous être agréables les uns aux autres?... Permettez que je me mouche.

— Je vous assure, madame, reprit-il, qu'il vous lorgnait[4] d'un air un peu plus flatteur que celui qu'il avait en me regardant; mais je lui pardonne d'honorer préférablement à la vieillesse 475 la beauté...

— Il est clair, disait le président de sa grosse voix, que M. Grandet, de Paris, envoie son fils à Saumur dans des intentions extrêmement matrimoniales...

---

1. *Incongru* : contraire aux convenances; 2. *Les Amours du chevalier de Faublas* (1787-1790), roman de Jean-Baptiste Louvet de Couvray, raconte les innombrables aventures galantes d'un héros doué d'une sensibilité et d'une sensualité très vives; 3. *Les Liaisons dangereuses* (1782), écrites par Choderlos de Laclos (1741-1803), sont assorties d'une préface du rédacteur dans laquelle on peut lire : « L'utilité de l'ouvrage, qui peut-être sera encore plus contestée [que ses agréments], me paraît pourtant plus facile à établir. Il me semble au moins que c'est rendre un service aux mœurs, que de dévoiler les moyens qu'emploient ceux qui en ont de mauvaises pour corrompre ceux qui en ont de bonnes, et je crois que les lettres pourront concourir efficacement à ce but. » Ce passage éclaire la réflexion de l'abbé... et son rire. 4. *Lorgner* : ici, regarder attentivement avec un lorgnon (voir page 67 , ligne 1125 et la note).

— Mais, alors, le cousin ne serait pas tombé comme une
480 bombe, répondait le notaire.

— Cela ne dirait rien, dit M. Des Grassins, le bonhomme
est *cachotier*.

— Des Grassins, mon ami, je l'ai invité à dîner, ce jeune
homme. Il faudra que tu ailles prier M. et madame de Larson-
485 nière, et les du Hautoy, avec la belle demoiselle du Hautoy,
bien entendu; pourvu qu'elle se mette bien ce jour-là! Par
jalousie, sa mère la fagote[1] si mal! — J'espère, messieurs, que
vous nous ferez l'honneur de venir? ajouta-t-elle en arrêtant
le cortège pour se retourner vers les deux Cruchot.
490 — Vous voilà chez vous, madame », dit le notaire.

Après avoir salué les trois Des Grassins, les trois Cruchot
s'en retournèrent chez eux, en se servant de ce génie d'analyse
que possèdent les provinciaux pour étudier sous toutes ses
faces le grand événement de cette soirée, qui changeait les
495 positions[2] respectives des cruchotins et des grassinistes. L'admirable bon sens qui dirigeait les actions de ces grands calculateurs leur fit sentir aux uns et aux autres la nécessité d'une
alliance momentanée contre l'ennemi commun. Ne devaient-ils
pas mutuellement empêcher Eugénie d'aimer son cousin, et
500 Charles de penser à sa cousine? Le Parisien pourrait-il résister
aux insinuations perfides, aux calomnies douceureuses, aux médi-
sances pleines d'éloges, aux dénégations naïves qui allaient
constamment tourner autour de lui pour le tromper[3]? **(17)**

---

1. *Fagoter :* habiller avec mauvais goût; 2. *Positions :* emplacements du combat
que se livrent les cruchotins et les grassinistes en vue de conquérir la main d'Eugénie
(le mot est pris au sens militaire); 3. *Var. :* « [autour de lui] et l'engluer, comme les
abeilles enveloppent de cire le colimaçon tombé dans leur ruche ».

QUESTIONS
---

17. Pourquoi le romancier abandonne-t-il un instant la maison des
Grandet pour nous faire suivre dans la rue cruchotins et grassinistes?
— Quels sont les deux personnages qui continuent à jouer le premier rôle
dans chacun des partis? Le machiavélisme de l'abbé : croit-il vraiment
qu'il convaincra Mme Des Grassins de séduire Charles? Pourquoi pour-
suit-il cependant son persiflage? — Dégagez les différentes étapes de
cette réconciliation tactique des Cruchot et des Des Grassins; montrez
que le style indirect des dernières phrases (lignes 498-503) convient parfaitement pour résumer et caractériser la conspiration des deux partis. —
A quoi est due la supériorité du texte définitif sur la variante citée dans
la note 3?

Lorsque les quatre parents se trouvèrent seuls dans la salle,
505 M. Grandet dit à son neveu :

« Il faut se coucher. Il est trop tard pour causer des affaires
qui vous amènent ici; nous prendrons demain un moment
convenable. Ici, nous déjeunons à huit heures. A midi, nous
mangeons un fruit, un rien de pain sur le pouce, et nous buvons
510 un verre de vin blanc; puis nous dînons, comme les Parisiens,
à cinq heures. Voilà l'ordre. Si vous voulez voir la ville ou les
environs, vous serez libre comme l'air. Vous m'excuserez si
mes affaires ne me permettent pas toujours de vous accompagner.
Vous les entendrez peut-être tous ici vous disant que je suis
515 riche : « M. Grandet par-ci, M. Grandet par-là! » Je les laisse
dire, leurs bavardages ne nuisent point à mon crédit. Mais je
n'ai pas le sou, et je travaille à mon âge comme un jeune compagnon[1] qui n'a pour tout bien qu'une mauvaise plane[2] et deux
bons bras. Vous verrez peut-être bientôt par vous-même ce
520 que coûte un écu quand il faut le suer. — Allons, Nanon, les
chandelles!

— J'espère, mon neveu, que vous trouverez tout ce dont
vous aurez besoin, dit madame Grandet; mais, s'il vous manquait quelque chose, vous pourrez appeler Nanon.

525 — Ma chère tante, ce serait difficile; j'ai, je crois, emporté
toutes mes affaires! Permettez-moi de vous souhaiter une bonne
nuit, ainsi qu'à ma jeune cousine. » **(18)**

Charles prit des mains de Nanon une bougie allumée, une
bougie d'Anjou, bien jaune de ton, vieillie en boutique et si
530 pareille à de la chandelle que M. Grandet, incapable d'en soupçonner l'existence au logis, ne s'aperçut pas de cette magni-
ficence.

« Je vais vous montrer le chemin », dit le bonhomme.

Au lieu de sortir par la porte de la salle qui donnait sous

---

1. *Compagnon :* ouvrier qui travaille chez un *maître ;* 2. *Plane :* outil tranchant à
deux poignées, qui sert à travailler le bois.

QUESTIONS

18. Analysez la tirade de Grandet : quelles sont pour lui les recom-
mandations essentielles à faire à Charles? A quelles préoccupations
constantes chez lui correspondent-elles? — Quelle image de lui-même
veut-il donner à son neveu? Comment conçoit-il son rôle de tuteur auprès
de l'orphelin? — Le rôle de Mme Grandet face à son mari (lignes 522-
524); en quoi la réponse de Charles est-elle maladroite?

535 la voûte, Grandet fit la cérémonie de passer par le couloir
qui séparait la salle de la cuisine. Une porte battante[1] garnie
d'un grand carreau de verre ovale fermait ce couloir du côté
de l'escalier, afin de tempérer le froid qui s'y engouffrait.
Mais en hiver, la bise n'en sifflait pas moins par là très rude-
540 ment, et, malgré les bourrelets mis aux portes de la salle, à
peine la chaleur s'y maintenait-elle à un degré convenable.
Nanon alla verrouiller la grande porte, ferma la salle, et déta-
cha dans l'écurie un chien-loup dont la voix était cassée comme
s'il avait une laryngite. Cet animal, d'une notable férocité, ne
545 connaissait que Nanon. Ces deux créatures champêtres s'entendaient. Quand Charles vit les murs jaunâtres et enfumés de la
cage[2] où l'escalier à rampe vermoulue tremblait sous le pas
pesant de son oncle, son dégrisement alla *rinforzando*[3]. Il se
croyait dans un juchoir à poules. Sa tante et sa cousine, vers
550 lesquelles il se retourna pour interroger leurs figures, étaient si
bien façonnées à cet escalier que, ne devinant pas la cause de
son étonnement, elles le prirent pour une expression amicale et
y répondirent par un sourire agréable qui le désespéra.

« Que diable mon père m'envoie-t-il faire ici ? » se disait-il. **(19)**
555 Arrivé sur le premier palier, il aperçut trois portes peintes
en rouge étrusque[4] et sans chambranles[5], des portes perdues
dans la muraille poudreuse[6] et garnies de bandes en fer boulonnées, apparentes, terminées en façon de flammes comme
l'était à chaque bout la longue entrée de la serrure. Celle de

---

1. *Battante* : qui se referme d'elle-même; 2. La *cage* est l'espace réservé pour
recevoir l'escalier; 3. En augmentant (terme italien, usuel dans le vocabulaire musical
pour marquer une nuance un peu différente du *crescendo*); 4. *Étrusque* : rouge brique;
5. *Chambranle* : encadrement d'une porte; 6. *Poudreux* : dont l'enduit et la peinture
tombent en poussière, par défaut d'entretien.

QUESTIONS

19. Pourquoi la description de la maison Grandet, interrompue page 51,
reprend-elle ici en s'intégrant au récit? — La présence de Charles a-t-elle
rompu les habitudes de la maison? Montrez que les efforts faits par les
trois femmes pour bien accueillir Charles sont limités, consciemment ou
non, d'une part par le despotisme de Grandet (l'épisode de la bougie,
lignes 528-532) et, d'autre part, par la médiocrité du cadre dans lequel
elles vivent. Commentez la phrase *Sa tante et sa cousine* [...] *étaient si
bien façonnées à cet escalier* [...] (lignes 549-551). — L'effet produit sur
Charles : sa réflexion (ligne 554) est-elle conforme à son caractère? Quelle
valeur dramatique prend-elle pour le lecteur?

LES BORDS DE LA LOIRE PRÈS DE SAUMUR

560 ces portes qui se trouvait en haut de l'escalier, et qui donnait
entrée dans la pièce située au-dessus de la cuisine, était évidemment[1] murée. On n'y pénétrait, en effet, que par la chambre
de Grandet, à qui cette pièce servait de cabinet. L'unique
croisée d'où elle tirait son jour était défendue sur la cour par
565 d'énormes barreaux en fer grillagés.

Personne, pas même madame Grandet, n'avait la permission
d'y venir, le bonhomme voulait y rester seul, comme un alchimiste à son fourneau. Là, sans doute, quelque cachette avait
été très habilement pratiquée, là s'emmagasinaient les titres de
570 propriété, là pendaient les balances à peser les louis[2], là se
faisaient nuitamment et en secret les quittances, les reçus, les
calculs; de manière que les gens d'affaires, voyant toujours
Grandet prêt à tout, pouvaient imaginer qu'il avait à ses ordres
une fée ou un démon. Là, sans doute, quand Nanon ronflait
575 à ébranler les planchers, quand le chien-loup veillait et bâillait
dans la cour, quand madame et mademoiselle Grandet étaient
bien endormies, venait le vieux tonnelier choyer, caresser,
couver, cuver[3], cercler[4] son or. Les murs étaient épais, les
contrevents discrets. Lui seul avait la clef de ce laboratoire,
580 où, disait-on, il consultait des plans sur lesquels ses arbres à
fruits étaient désignés et où il chiffrait ses produits, à un provin[5],
à une bourrée[6] près. **(20)**

L'entrée de la chambre d'Eugénie faisait face à cette porte
murée. Puis, au bout du palier, était l'appartement des deux
585 époux, qui occupaient tout le devant de la maison. Madame

---

1. *Evidemment* : visiblement; 2. La valeur d'une pièce d'or pouvait varier légèrement en fonction de son poids, un peu supérieur à la valeur légale lors de l'émission :
on pesait donc les pièces usées pour connaître exactement le poids; 3. *Cuver* : mettre
en cuves; 4. *Cercler* : mettre des cercles autour des tonneaux pleins d'or; 5. *Provin* :
voir page 77, note 2; 6. *Bourrée* : fagot de menu bois.

──────── **QUESTIONS** ────────

20. Montrez que l'impression produite par l'intérieur de la maison
Grandet confirme celle que donnait la façade (voir page 43, lignes 467-
493); relevez toutes les expressions qui concourent à donner l'image
d'une prison. — Le cabinet de Grandet (lignes 566-582) : pourquoi le
romancier n'y fait-il pas pénétrer son lecteur? Comment accentue-t-il
le caractère fantastique de ce qui doit s'y passer? Étudiez le style de
cette évocation. — L'image de l'avare solitaire en proie à sa passion :
comparez Grandet au père Goriot, seul dans sa chambre en train de
tordre les pièces de son argenterie pour aller les vendre, ou à Balthazar
Claës dans son laboratoire *(la Recherche de l'absolu)*.

Grandet avait une chambre contiguë à celle d'Eugénie, chez qui l'on entrait par une porte vitrée. La chambre du maître était séparée de celle de sa femme par une cloison, et du mystérieux cabinet par un gros mur.

590 Le père Grandet avait logé son neveu au second étage, dans la haute mansarde située au-dessus de sa chambre, de manière à pouvoir l'entendre, s'il lui prenait fantaisie d'aller et de venir. **(21)**

Quand Eugénie et sa mère arrivèrent au milieu du palier,
595 elles se donnèrent le baiser du soir; puis, après avoir dit à Charles quelques mots d'adieu, froids sur les lèvres, mais certes chaleureux au cœur de la fille, elles rentrèrent dans leurs chambres.

« Vous voilà chez vous, mon neveu, dit le père Grandet à
600 Charles en lui ouvrant sa porte. Si vous aviez besoin de sortir, vous appelleriez Nanon. Sans elle, votre serviteur[1]! le chien vous mangerait sans vous dire un seul mot. Dormez bien. Bonsoir. Ha! ha! ces dames vous ont fait du feu », reprit-il.

En ce moment la grande Nanon apparut, armée d'une
605 bassinoire[2].

« En voilà bien d'une autre! dit M. Grandet. Prenez-vous mon neveu pour une femme en couches? Veux-tu bien remporter ta braise, Nanon!

— Mais, monsieur, les draps sont humides, et ce monsieur
610 est vraiment mignon[3] comme une femme.

— Allons, va, puisque tu l'as dans la tête, dit Grandet en la poussant par les épaules, mais prends garde de mettre le feu. »

Puis l'avare descendit en grommelant de vagues paroles. **(22)**

Charles demeura pantois[4] au milieu de ses malles. Après

---

1. *Serviteur* : formule de salut employée ironiquement pour marquer une impossibilité; **2.** *Bassinoire* : voir page 75, note 4; **3.** *Mignon* : délicat; **4.** *Pantois* : stupéfait, penaud.

──────── **QUESTIONS** ────────

21. Montrez que rien n'a été laissé au hasard dans la distribution des pièces et dans leur usage; dans quelle intention Grandet a-t-il ainsi prévu jusqu'au moindre détail?

22. Cette scène est-elle inattendue? A quoi attribuer l'indulgence, un peu surprenante, de Grandet? Les craintes des trois femmes seraient-elles injustifiées? Quel effet produit sur le lecteur la dernière phrase (ligne 613)? Pourquoi Balzac ne reproduit-il pas les réflexions que fait le vieillard? Montrez que l'adjectif *vague* est plus expressif qu'un développement.

615 avoir jeté les yeux sur les murs d'une chambre en mansarde
tendue de ce papier jaune à bouquets de fleurs qui tapisse les
guinguettes[1], sur une cheminée en pierre de liais[2] cannelée[3],
dont le seul aspect donnait froid, sur des chaises de bois jaune
garnies en canne[4] vernissée et qui semblaient avoir plus de quatre
620 angles, sur une table de nuit ouverte dans laquelle aurait pu
tenir un petit sergent de voltigeurs[5], sur le maigre tapis de
lisière[6] placé au bas d'un lit à ciel dont les pentes[7] en drap
tremblaient comme si elles allaient tomber, achevées par les
vers, il regarda sérieusement la grande Nanon et lui dit :

625   « Ah ça ! ma chère enfant, suis-je bien chez M. Grandet,
l'ancien maire de Saumur, frère de M. Grandet, de Paris.

    — Oui, monsieur, chez un ben aimable, un ben doux, un
ben parfait monsieur. Faut-il que je vous aide à défaire vos
malles ?

630   — Ma foi, je le veux bien, mon vieux troupier ! N'avez-vous
pas servi dans les marins[8] de la garde impériale ?

    — Oh ! oh ! oh ! oh ! dit Nanon, quoi que c'est que ça, les
marins de la garde ? C'est-il salé ? Ça va-t-il sur l'eau ?

    — Tenez, cherchez ma robe de chambre qui est dans cette
635 valise. En voici la clef. »

    Nanon fut tout émerveillée de voir une robe de chambre en
soie verte à fleurs d'or et à dessins antiques[9].

    « Vous allez mettre ça pour vous coucher ? dit-elle.

    — Oui.

640   — Sainte Vierge ! le beau devant d'autel[10] que ça ferait pour
la paroisse. Mais, mon cher mignon[11] monsieur, donnez donc
ça à l'église, vous sauverez votre âme, tandis que ça vous la
fera perdre. Oh ! que vous êtes donc gentil comme ça. Je vais
appeler mademoiselle pour qu'elle vous regarde.

645   — Allons, Nanon, puisque Nanon il y a, voulez-vous vous
taire ! Laissez-moi coucher, j'arrangerai mes affaires demain ;
et, si ma robe vous plaît tant, vous sauverez votre âme. Je suis

---

1. *Guinguette* : cabaret de banlieue ; 2. *Pierre de liais* : variété de calcaire, à grain
fin et serré ; 3. *Cannelée* : garnie de rainures creusées de haut en bas ; 4. *Canne* : mot
désignant diverses espèces de roseaux ; 5. Les *voltigeurs* étaient des soldats de petite
taille, destinés à se porter rapidement d'un point à un autre. Ils ne disparurent de
l'armée qu'après 1870 ; 6. *Lisière :* bord longitudinal d'une étoffe, dont le tissu est
plus serré ; d'où, par analogie, tissu peu large et rude au toucher ; 7. Le *ciel* d'un lit
est son couronnement, qui forme une sorte de dais ; les *pentes* sont les draperies qui
descendent du ciel de lit jusqu'en bas ; 8. Dans la garde impériale, telle qu'elle fut
organisée par le décret du 29 juillet 1804, il y avait effectivement un bataillon de
matelots ; 9. ornée de motifs imités de l'antique ; 10. *Devant d'autel* : draperie, qui
tombe du bord de la table d'autel jusqu'au sol ; 11. *Mignon* : voir page 91, note 3.

trop bon chrétien pour vous la refuser en m'en allant, et vous pourrez en faire tout ce que vous voudrez. »

650 Nanon resta plantée sur ses pieds, contemplant Charles, sans pouvoir ajouter foi à ses paroles.

« Me donner ce bel atour[1]! dit-elle en s'en allant. Il rêve déjà, ce monsieur. Bonsoir.

— Bonsoir, Nanon ». **(23)** « Qu'est-ce que je suis venu faire
655 ici? se dit Charles en s'endormant. Mon père n'est pas un niais, mon voyage doit avoir un but. Psch! « A demain les affaires sérieuses », disait je ne sais quelle ganache grecque[2]. »

« Sainte Vierge! qu'il est gentil mon cousin! » se dit Eugénie en interrompant ses prières, qui, ce soir-là, ne furent pas finies.

660 Madame Grandet n'eut aucune pensée en se couchant. Elle entendait, par la porte de communication qui se trouvait au milieu de la cloison, l'avare se promenant de long en long dans sa chambre. Semblable à toutes les femmes timides, elle avait étudié le caractère de son seigneur. De même que la
665 mouette prévoit l'orage, elle avait, à d'imperceptibles signes, pressenti la tempête intérieure qui agitait Grandet, et, pour employer l'expression dont elle se servait, elle faisait alors la morte. Grandet regardait la porte intérieurement doublée en tôle qu'il avait fait mettre à son cabinet, et se disait :
670 « Quelle idée bizarre a eue mon frère de me léguer son enfant! Jolie succession! je n'ai pas vingt écus à donner. Mais qu'est-ce que vingt écus pour ce mirliflore[3], qui lorgnait[4] mon baromètre comme s'il avait voulu en faire du feu? »

En songeant aux conséquences de ce testament de douleur,

---

1. *Atour* se dit en général de toute parure féminine. Ce mot ne s'emploie plus guère qu'au pluriel, et souvent avec une signification ironique; **2.** Archias, tyran de Thèbes, fut égorgé par Pélopidas au cours d'un festin, en 478 avant J.-C. Quelques instants auparavant, il avait reçu un message qu'on l'invitait à lire sans retard; il le repoussa en disant : « A demain les affaires sérieuses. » Ce message contenait le détail de la conjuration. La *ganache* est proprement le rebord de la mâchoire inférieure du cheval; au figuré, personne inintelligente. **3.** *Mirliflore* : voir page 83, note 2; **4.** *Lorgner* : voir page 85, note 4.

————— QUESTIONS —————

23. Analysez et caractérisez le comique de cette petite scène. Quel rôle y joue chacun des personnages? Montrez que c'est, pour Balzac, un moyen supplémentaire de souligner le contraste entre Charles et le milieu où il se trouve jeté. — A qui va notre sympathie ici? Pourquoi est-ce nécessaire pour l'action?

675 Grandet était peut-être plus agité que ne l'était son frère au
moment où il le traça. *pour le donner à l'église*

« J'aurais cette robe d'or?... » disait Nanon, qui s'endormit
habillée de son devant d'autel, rêvant de fleurs, de tabis[1], de
damas[2], pour la première fois de sa vie, comme Eugénie rêva
680 d'amour. **(24) (25)**

III

AMOURS DE PROVINCE

Dans la pure et monotone vie des jeunes filles, il vient une
heure délicieuse où le soleil leur épanche ses rayons dans
l'âme, où la fleur leur exprime des pensées, où les palpitations

---

1. *Tabis* : sorte de moire de soie à petits grains. Cette étoffe était façonnée autrefois à Bagdad, Ispahan et Almeria ; 2. *Damas* : étoffe de soie à fleurs ou à dessins
en relief, qui se fabriquait originairement à Damas, en Syrie.

--- **QUESTIONS** ---

24. Quelle est l'utilité de cette fin de chapitre? Soulignez son parallélisme avec la scène des cruchotins et des grassinistes retournant chez eux
(lignes 491-503). Ce procédé n'est-il pas un peu artificiel? Montrez-le dans
la composition symétrique du passage et dans le schématisme voulu des
réactions de chacun. — Étudiez en particulier les réactions de Grandet.
Est-il réellement persuadé qu'il n'a *pas vingt écus à donner*? Relevez
les indications qui « préparent » le lecteur aux épisodes suivants.

25. Sur l'ensemble du chapitre ii. — Rappelez brièvement les différentes étapes de ce chapitre. Faut-il dire qu'il est composé selon la technique
dramatique et qu'il constitue un premier acte divisé en plusieurs scènes?
Combien de temps s'est déroulé entre le début et la fin du chapitre?

— La situation à la fin du chapitre ii : la nouvelle du suicide de Guillaume
Grandet, ignorée de tous excepté de son frère, crée une sorte de quiproquo ;
voit-on déjà les conséquences possibles de ce quiproquo?

— L'arrivée de Charles jette le trouble dans les habitudes de la maison
Grandet, bouleverse certains plans, suscite certains sentiments qui ne se
seraient pas révélés en d'autres circonstances : étudiez les réactions de
chacun des personnages à cette arrivée inattendue. Est-ce par son caractère et par sa personnalité que Charles crée ainsi tant de changements?

— Le ton général de ce chapitre : aperçoit-on l'attitude du romancier
à l'égard de ses personnages? Guide-t-il notre sympathie ou notre anti-
pathie vers tel ou tel des personnages?

du cœur communiquent au cerveau leur chaude fécondance[1],
5 et fondent les idées en un vague désir; jour d'innocente mélancolie et de suaves joyeusetés! Quand les enfants commencent
à voir, ils sourient; quand une fille entrevoit le sentiment dans
la nature, elle sourit comme elle souriait enfant. Si la lumière
est le premier amour de la vie, l'amour n'est-il pas la lumière
10 du cœur? Le moment de voir clair aux choses d'ici-bas était
arrivé pour Eugénie. (1)

    Matinale comme toutes les filles de province, elle se leva
de bonne heure, fit sa prière, et commença l'œuvre de sa toilette, occupation qui désormais allait avoir un sens. Elle lissa
15 d'abord ses cheveux châtains, tordit leurs grosses nattes
au-dessus de sa tête avec le plus grand soin, en évitant que
les cheveux ne s'échappassent de leurs tresses, et introduisit
dans sa coiffure une symétrie qui rehaussa la timide candeur[2]
de son visage, en accordant la simplicité des accessoires à la
20 naïveté des lignes. En se lavant plusieurs fois les mains dans
de l'eau pure qui lui durcissait et rougissait la peau, elle regarda
ses beaux bras ronds, et se demanda ce que faisait son cousin
pour avoir les mains si mollement blanches, les ongles si bien
façonnés. Elle mit des bas neufs et ses plus jolis souliers. Elle
25 se laça droit, sans passer d'œillets[3]. Enfin souhaitant, pour la
première fois de sa vie, de paraître à son avantage, elle connut
le bonheur d'avoir une robe fraîche, bien faite, et qui la rendait
attrayante.

    Quand sa toilette fut achevée, elle entendit sonner l'horloge
30 de la paroisse et s'étonna de ne compter que sept heures. Le
désir d'avoir tout le temps nécessaire pour se bien habiller
l'avait fait lever trop tôt. Ignorant l'art de remanier dix fois
une boucle de cheveux et d'en étudier l'effet, Eugénie se croisa
tout bonnement les bras, s'assit à sa fenêtre, contempla la cour,
35 le jardin étroit et les hautes terrasses qui le dominaient; vue
mélancolique, bornée, mais qui n'était pas dépourvue des

---

   1. *Fécondance :* puissance de féconder; **2.** *Candeur :* expression simple et innocente;
3. Eugénie lace minutieusement son corset *(sans passer d'œillets)* pour paraître avec
la taille la plus fine possible; la raideur qu'elle donne ainsi à son buste l'oblige à
se tenir droite.

    ──────── **QUESTIONS** ────────

   1. Balzac psychologue et moraliste : quelle idée assez banale se trouve
développée ici? Étudiez le style et les images : quelle est l'image dominante? Montrez que ce développement porte la marque du romantisme?
— Comment ces idées générales sont-elles rattachées au roman?

mystérieuses beautés particulières aux endroits solitaires ou à la nature inculte. (2)

Auprès de la cuisine se trouvait un puits entouré d'une
40 margelle, et à poulie maintenue dans une branche de fer courbée, qu'embrassait une vigne aux pampres flétris, rougis, brouis[1] par la saison; de là, le tortueux sarment gagnait le mur, s'y attachait, courait le long de la maison et finissait sur un bûcher où le bois était rangé avec autant d'exactitude que peuvent
45 l'être les livres d'un bibliophile. Le pavé de la cour offrait ces teintes noirâtres produites avec le temps par les mousses, par les herbes, par le défaut de mouvement[2]. Les murs épais présentaient leur chemise verte[3], ondée[4] de longues traces brunes. Enfin les huit marches qui régnaient au fond de la cour et
50 menaient à la porte du jardin étaient disjointes et ensevelies sous de hautes plantes, comme le tombeau d'un chevalier enterré par sa veuve au temps des croisades. Au-dessus d'une assise de pierres toutes rongées s'élevait une grille de bois pourri, à moitié tombée de vétusté, mais à laquelle se mariaient
55 à leur gré des plantes grimpantes. De chaque côté de la porte à claire-voie s'avançaient les rameaux tortus[5] de deux pommiers rabougris. Trois allées parallèles, sablées et séparées par des carrés dont les terres étaient maintenues au moyen d'une bordure en buis, composaient ce jardin que terminait, au bas de
60 la terrasse, un couvert[6] de tilleuls. A un bout, des framboisiers; à l'autre, un immense noyer qui inclinait ses branches jusque sur le cabinet du tonnelier. Un jour pur et le beau soleil des automnes naturels aux rives de la Loire commençaient à dissiper le glacis[7] imprimé par la nuit aux pittoresques objets,

---

1. *Broui* : desséché par la gelée; 2. *Mouvement* : circulation; 3. Ici le revêtement de mousse et de végétation; 4. *Ondé* : qui offre des dessins en forme d'ondulations; 5. *Tortu* : contrefait; qui n'est pas droit (« tordu » indique un état similaire, mais résultant d'une action extérieure); 6. *Couvert* : ombrage que donne un bouquet d'arbres; 7. *Glacis* : légère couche brillante laissée sur les choses par la gelée matinale (terme emprunté à la technique de la peinture).

─────── **QUESTIONS** ───────

2. Ce passage est-il surtout intéressant par les détails qu'il apporte sur le physique d'Eugénie ou par les précisions qu'il donne sur sa personnalité? — De quoi est faite sa beauté? Par quelle opposition le romancier insiste-t-il sur le caractère « provincial » de cette beauté? — Étudiez le vocabulaire de ce passage : quelles impressions dominantes veut créer le romancier? — Comment se fait la transition (lignes 33-38) entre le portrait et la description du jardin? D'où vient la parenté entre la jeune fille et le décor qu'elle regarde?

EUGÉNIE GRANDET

« Eugénie, grande et forte, n'avait donc rien du joli qui plaît aux masses; mais elle était belle de cette beauté si facile à reconnaître, et dont s'éprennent seulement les artistes. » (Page 99.)

Dessin de Célestin Nanteuil (1848).

65 aux murs, aux plantes qui meublaient ce jardin et la cour. (3)

Eugénie trouva des charmes tout nouveaux dans l'aspect de
ces choses, auparavant si ordinaires pour elle. Mille pensées
confuses naissaient dans son âme et y croissaient à mesure
que croissaient au dehors les rayons du soleil. Elle eut enfin
70 ce mouvement de plaisir vague, inexplicable, qui enveloppe
l'être moral, comme un nuage envelopperait l'être physique.
Ses réflexions s'accordaient avec les détails de ce singulier
paysage, et les harmonies de son cœur firent alliance avec les
harmonies de la nature.

75 Quand le soleil atteignit un pan de mur d'où tombaient des
cheveux-de-Vénus[1] aux feuilles épaisses à couleurs changeantes
comme la gorge des pigeons, de célestes rayons d'espérance
illuminèrent l'avenir pour Eugénie, qui désormais se plut à
regarder ce pan de mur, ses fleurs pâles, ses clochettes bleues
80 et ses herbes fanées, auxquelles se mêla un souvenir gracieux
comme ceux de l'enfance. Le bruit que chaque feuille produisait dans cette cour sonore en se détachant de son rameau
donnait une réponse aux secrètes interrogations de la jeune
fille, qui serait restée là toute la journée sans s'apercevoir de
85 la fuite des heures.

Puis vinrent de tumultueux mouvements d'âme. Elle se leva
fréquemment, se mit devant son miroir et s'y regarda, comme
un auteur de bonne foi contemple son œuvre pour se critiquer
et se dire des injures à lui-même. (4)
90 « Je ne suis pas assez belle pour lui ! »

---

1. *Cheveux-de-Vénus* : sorte de fougères.

■ QUESTIONS

3. La composition de cette description. — En quoi le jardin des Grandet
est-il marqué des mêmes caractères que leur maison ? Comment l'empreinte
du temps et l'avarice de Grandet y sont-elles présentes l'une et l'autre ?
— Pourquoi cependant le jardin est-il plus séduisant que la maison ?
Relevez tous les traits qui révèlent le goût romantique (apparence sauvage ;
comparaison avec le *tombeau d'un chevalier*, etc.). Dans quelle mesure
l'imagination du romancier coïncide-t-elle ici avec celle de son personnage, qui semble découvrir ce décor à la fois familier et merveilleux ?

4. Comment s'approfondit la sympathie entre la jeune fille et le paysage ?
Analysez le parallélisme entre les mouvements de la nature et les sentiments d'Eugénie ; comment le jeu de la lumière et les bruits répondent-ils
aux états d'âme ? L'influence de J.-J. Rousseau dans ce passage. — Par
quelle progression psychologique Eugénie passe-t-elle de la béatitude
contemplative à l'anxiété tumultueuse ? Comment s'explique cet état
d'âme dans les circonstances où elle se trouve ce matin-là ?

Telle était la pensée d'Eugénie, pensée humble et fertile en souffrances. La pauvre fille ne se rendait pas justice; mais la modestie, ou mieux la crainte, est une des premières vertus de l'amour. **(5)** Eugénie appartenait bien à ce type d'enfants forte-
95 ment constitués, comme ils le sont dans la petite bourgeoisie, et dont les beautés paraissent vulgaires; mais, si elle ressem-blait à la Vénus de Milo[1], ses formes étaient ennoblies par cette suavité du sentiment chrétien qui purifie la femme et lui donne une distinction inconnue aux sculpteurs anciens. Elle avait une
100 tête énorme, le front masculin, mais délicat, du Jupiter de Phidias[2], et des yeux gris auxquels sa chaste vie, en s'y portant tout entière, imprimait une lumière jaillissante. Les traits de son visage rond, jadis frais et rose, avaient été grossis par une petite vérole[3] assez clémente pour n'y point laisser de traces,
105 mais qui avait détruit le velouté de la peau, néanmoins si douce et si fine encore que le pur baiser de sa mère y traçait passa-gèrement une marque rouge. Son nez était un peu trop fort, mais il s'harmoniait[4] avec une bouche d'un rouge de minium, dont les lèvres à mille raies étaient pleines d'amour et de bonté.
110 Le cou avait une rondeur parfaite. Le corsage bombé, soigneu-sement voilé, attirait le regard et faisait rêver; il manquait sans doute un peu de la grâce due à la toilette; mais, pour les connaisseurs, la non-flexibilité de cette haute taille devait être un charme. Eugénie, grande et forte, n'avait donc rien du joli
115 qui plaît aux masses; mais elle était belle de cette beauté si facile à reconnaître, et dont s'éprennent seulement les artistes. Le peintre qui cherche ici-bas un type à la céleste pureté de Marie, qui demande à toute la nature féminine ces yeux modes-tement fiers devinés par Raphaël[5], ces lignes vierges, souvent

---

1. La *Vénus de Milo* avait été découverte en 1820; **2.** *Phidias :* célèbre sculpteur athénien (vers 490-431 avant J.-C.). Il sculpta pour la ville d'Olympie, où se tenaient les jeux Olympiques, une statue de Zeus (Jupiter), que de nombreuses reproductions ont popularisée; **3.** *Petite vérole* ou *variole :* voir page 37, note 2; **4.** *S'harmonier* pour *s'harmoniser* était alors un néologisme; **5.** *Raphaël* (1483-1520) : peintre, archi-tecte et archéologue de l'école romaine. Il est resté inimitable dans la peinture des madones.

QUESTIONS

5. Quel effet produit la réflexion de la ligne 90, faite en style direct, au milieu de cette méditation? — Expliquez les lignes 91-92 : Quel trait psychologique justifie le lien établi par l'auteur entre cette modestie et les souffrances futures de la jeune fille? Utilisez la rectification apportée par Balzac à la phrase suivante : *la modestie, ou mieux la crainte* (ligne 93).

120 dues aux hasards de la conception, mais qu'une vie chrétienne
et pudique peut seule conserver ou faire acquérir; ce peintre,
amoureux d'un si rare modèle, eût trouvé tout à coup dans
le visage d'Eugénie la noblesse innée qui s'ignore; il eût vu
sous un front calme un monde d'amour; et, dans la coupe des
125 yeux, dans l'habitude des paupières, le je ne sais quoi divin.
Ses traits, les contours de sa tête que l'expression du plaisir
n'avait jamais ni altérés ni fatigués ressemblaient aux lignes
d'horizon si doucement tranchées dans le lointain des lacs
tranquilles. Cette physionomie calme, colorée, bordée d'une
130 lueur comme une jolie fleur éclose, reposait l'âme, communi-
quait le charme de la conscience qui s'y reflétait, et commandait
le regard. **(6)**

Eugénie était encore sur la rive de la vie où fleurissent les
illusions enfantines, où se cueillent les marguerites[1] avec des
135 délices plus tard inconnues. Aussi se dit-elle en se mirant,
sans savoir encore ce qu'était l'amour :

« Je suis trop laide, il ne fera pas attention à moi! »

Puis elle ouvrit la porte de sa chambre qui donnait sur l'escalier, et tendit le cou pour écouter les bruits de la maison.

140 « Il ne se lève pas », pensa-t-elle en entendant la tousserie[2]
matinale de Nanon, et la bonne fille allant, venant, balayant
la salle, allumant son feu, enchaînant le chien et parlant à ses
bêtes dans l'écurie.

Aussitôt Eugénie descendit et courut à Nanon, qui trayait
145 la vache.

---

1. Allusion à la coutume d'effeuiller une marguerite pour savoir si l'on est aimé,
symbole de jeunesse et de la découverte ingénue de l'amour; **2.** *Tousserie :* toux fréquente.

--- **QUESTIONS** ---

6. La composition de ce portrait. — Sur quel ton le romancier prend-il
la défense d'Eugénie contre les préjugés qu'elle a sur elle-même? A quelle
image conventionnelle de la beauté féminine Balzac s'attaque-t-il ici?
— Relevez tous les traits qui semblent priver Eugénie de toute finesse;
comment le romancier réussit-il chaque fois à en dégager une source de
beauté? — Étudiez les comparaisons faites avec les œuvres d'art; comment
se mêlent les références à l'art antique et à l'art chrétien? Quelles idées
héritées de Chateaubriand transparaissent ici? Comment la beauté plas-
tique est-elle associée ici à la beauté morale? — Montrez le souci du
romancier d'expliquer par des causes naturelles, le milieu en particulier,
les caractéristiques de son personnage. Ne pourrait-on découvrir des
points de ressemblance entre Eugénie et son père?

« Nanon, ma bonne Nanon, fais donc de la crème pour le café de mon cousin.

— Mais, mademoiselle, il aurait fallu s'y prendre hier, dit Nanon, qui partit d'un gros éclat de rire. Je ne peux pas faire
150 de la crème. Votre cousin est mignon[1], mignon, mais vraiment mignon. Vous ne l'avez pas vu dans sa chambrelouque[2] de soie et d'or. Je l'ai vu, moi. Il porte du linge fin comme celui du surplis de M. le curé.

— Nanon, fais-nous donc de la galette.

155 — Et qui me donnera du bois pour le four, et de la farine, et du beurre? dit Nanon, laquelle, en sa qualité de premier ministre de Grandet, prenait parfois une importance énorme aux yeux d'Eugénie et de sa mère. Faut-il pas le voler, cet homme, pour fêter votre cousin? Demandez-lui du beurre,
160 de la farine, du bois, il est votre père, il peut vous en donner. Tenez, le voilà qui descend pour voir aux provisions... » **(7)**

Eugénie se sauva dans le jardin, tout épouvantée en entendant trembler l'escalier sous le pas de son père. Elle éprouvait déjà les effets de cette profonde pudeur et de cette conscience
165 particulière de notre bonheur qui nous fait croire, non sans raison peut-être, que nos pensées sont gravées sur notre front et sautent aux yeux d'autrui. En s'apercevant enfin du froid dénuement de la maison paternelle, la pauvre fille concevait une sorte de dépit de ne pouvoir la mettre en harmonie avec
170 l'élégance de son cousin. Elle éprouva un besoin passionné de faire quelque chose pour lui : quoi? elle n'en savait rien. Naïve et vraie, elle se laissait aller à sa nature angélique sans se défier ni de ses impressions, ni de ses sentiments. Le seul aspect de son cousin avait éveillé chez elle les penchants naturels de la
175 femme, et ils durent se déployer d'autant plus vivement qu'ayant atteint sa vingt-troisième année, elle se trouvait dans la plénitude de son intelligence et de ses désirs.

Pour la première fois, elle eut dans le cœur de la terreur à

---

1. *Mignon* : voir page 91, note 3; 2. *Chambrelouque* : mot probablement forgé par Balzac et désignant la robe de chambre de Charles.

━━━━ **QUESTIONS** ━━━━

7. Comment le tempérament actif et l'aspect positif d'Eugénie se révèlent-ils encore ici, comme ils s'étaient déjà révélés la veille au soir? Qu'y a-t-il aussi de naïvement puéril dans son attitude? Est-ce explicable seulement par l'état de dépendance où est tenue Eugénie? — Le dialogue : en quoi exprime-t-il le contraste entre le rêve d'Eugénie et la réalité? Nanon a-t-elle conscience de son importance dans la maison?

l'aspect de son père, vit en lui le maître de son sort et se crut
180 coupable d'une faute en lui taisant quelques pensées. Elle se
mit à marcher à pas précipités, en s'étonnant de respirer un
air plus pur, de sentir les rayons du soleil plus vivifiants et d'y
puiser une chaleur morale, une vie nouvelle. **(8)**

Pendant qu'elle cherchait un artifice pour obtenir la galette,
185 il s'élevait entre la Grande Nanon et Grandet une de ces que-
relles aussi rares entre eux que le sont les hirondelles en hiver.
Muni de ses clefs, le bonhomme était venu pour mesurer les
vivres nécessaires à la consommation de la journée.

« Reste-t-il du pain d'hier ? dit-il à Nanon.
190 — Pas une miette, monsieur. »

Grandet prit un gros pain rond, bien enfariné, moulé dans
un de ces paniers plats qui servent à boulanger en Anjou, et
il allait le couper, quand Nanon lui dit :

« Nous sommes cinq aujourd'hui, monsieur.
195 — C'est vrai, répondit Grandet, mais ton pain pèse six livres,
il en restera. D'ailleurs, ces jeunes gens de Paris, tu verras que
ça ne mange point de pain.

— Ça mange donc de la *frippe ?* » dit Nanon.

En Anjou, la frippe, mot du lexique populaire, exprime
200 l'accompagnement du pain, depuis le beurre étendu sur la
tartine, frippe vulgaire, jusqu'aux confitures d'alberge[1], la plus
distinguée des frippes ; et tous ceux qui, dans leur enfance, ont
léché la frippe et laissé le pain comprendront la portée de cette
locution.

205 « Non, répondit Grandet, ça ne mange ni frippe ni pain.
Ils sont quasiment comme des filles à marier. » **(9)**

---

1. *Alberge* : voir page 49, note 1.

--- **QUESTIONS** ---

8. Que pensez-vous des raisons que donne Balzac à la fuite d'Eugénie
devant son père ? Quels sont les différents sentiments qui se partagent
alors son âme ? Relevez toutes les expressions qui tendent à idéaliser
toutes les passions d'Eugénie ; quel est l'adjectif qui marque l'aboutis-
sement de cette idéalisation ? Dans quelle mesure retrouve-t-on ici des
idées psychologiques héritées de J.-J. Rousseau ? — Comment sont liées
les deux idées exprimées dans le dernier paragraphe ? Quelle est l'importance de cette double prise de conscience ?

9. Les rites matinaux de la maison Grandet : est-ce par pure avarice
que Grandet mesure le pain ? — L'argument de Grandet (ligne 196) est-il
faux ? Quel peut être le sentiment de Nanon en découvrant qu'on peut
vivre sans manger *ni frippe ni pain* (ligne 205) ? — La couleur locale :
l'explication des lignes 199-204 alourdit-elle le récit ?

Enfin, après avoir parcimonieusement ordonné le menu quotidien, le bonhomme allait se diriger vers son fruitier, en fermant néanmoins les armoires de sa *dépense*[1], lorsque Nanon
210 l'arrêta pour lui dire :

« Monsieur, donnez-moi donc alors de la farine et du beurre, je ferai une galette aux enfants.

— Ne vas-tu pas mettre la maison au pillage à cause de mon neveu?

215 — Je ne pensais pas plus à votre neveu qu'à votre chien, pas plus que vous n'y pensez vous-même... Ne voilà-t-il pas que vous ne m'avez *aveint*[2] que six morceaux de sucre! m'en faut huit.

— Ah çà! Nanon, je ne t'ai jamais vue comme ça. Qu'est-ce
220 qui te passe donc par la tête! Es-tu la maîtresse ici? Tu n'auras que six morceaux de sucre.

— Eh bien, votre neveu, avec quoi qu'il sucrera son café?

— Avec deux morceaux; je m'en passerai, moi.

— Vous vous passerez de sucre, à votre âge! J'aimerais
225 mieux vous en acheter de ma poche.

— Mêle-toi de ce qui te regarde. »

Malgré la baisse du prix, le sucre était toujours, aux yeux du tonnelier, la plus précieuse des denrées coloniales, il valait toujours six francs la livre pour lui. L'obligation de le ménager,
230 prise sous l'Empire, était devenue la plus indélébile de ses habitudes. Toutes les femmes, même la plus niaise, savent ruser pour arriver à leurs fins : Nanon abandonna la question du sucre pour obtenir la galette.

« Mademoiselle, cria-t-elle par la croisée, est-ce pas que vous
235 voulez de la galette?

— Non, non, répondit Eugénie.

— Allons, Nanon, dit Grandet en entendant la voix de sa fille, tiens. »

Il ouvrit la *mette*[3] où était la farine, lui en donna une mesure[4],
240 et ajouta quelques onces[5] de beurre au morceau qu'il avait déjà coupé.

---

1. *Dépense* : lieu où l'on range les provisions; **2.** *Aveint* (participe passé de *aveindre*) : aller prendre un objet pour l'apporter à la personne qui le demande; **3.** *Mette* : huche; **4.** *Mesure* : quantité déterminée, contenue dans un récipient destiné à cet usage; **5.** *Once* : seizième partie de l'ancienne livre (30,59 g).

— Il faudra du bois pour chauffer le four, dit l'implacable Nanon.

245 — Eh bien, tu en prendras à ta suffisance, répondit-il mélan-coliquement; mais, alors, tu nous feras une tarte aux fruits, et tu nous cuiras au four tout le dîner; par ainsi[1], tu n'allumeras pas deux feux.

— Quien! s'écria Nanon, vous n'avez pas besoin de me le dire. »

250 Grandet jeta sur son fidèle ministre[2] un coup d'œil presque paternel.

« Mademoiselle, cria la cuisinière, nous aurons une galette. »

Le père Grandet revint chargé de ses fruits et en rangea une première assiettée sur la table de la cuisine. **(10)**

255 « Voyez donc, monsieur, lui dit Nanon, les jolies bottes qu'a votre neveu. Quel cuir, et qui sent bon! Avec quoi que ça se nettoie donc? Faut-il y mettre de votre cirage à l'œuf[3]?

— Nanon, je crois que l'œuf gâterait ce cuir-là. D'ailleurs, dis-lui que tu ne connais point la manière de cirer le maro-

260 quin... oui, c'est du maroquin; il achètera lui-même à Saumur et t'apportera de quoi lustrer ses bottes. J'ai entendu dire qu'on fourre du sucre dans leur cirage pour le rendre brillant.

— C'est donc bon à manger? dit la servante en portant les bottes à son nez. Quien, quien! elles sentent l'eau de Cologne

265 de madame! Ah! c'est-y drôle!

— Drôle! dit le maître, tu trouves drôle de mettre à des bottes plus d'argent que n'en vaut celui qui les porte?

— Monsieur, dit-elle au second voyage de son maître, qui avait fermé le fruitier, est-ce que vous ne mettrez pas une ou

270 deux fois le pot-au-feu par semaine à cause de votre...?

— Oui.

— Faudra que j'aille à la boucherie.

---

1. *Par ainsi* : en conséquence. Cette locution est vieillie; **2.** *Ministre* : celui, celle qui exécute les ordres (sens classique); **3.** Le *cirage à l'œuf*, autrefois très usité, se préparait en battant un œuf avec un peu de noir de fumée et en ajoutant trois cuil-lerées de vinaigre ou un demi-verre de bière. On l'appliquait au pinceau, mais c'était un cirage mat.

━━━ QUESTIONS ━━━

10. Grandet se montre-t-il aussi implacable qu'on pouvait le redouter? Dans quelle mesure fait-il des concessions? Pourquoi consent-il ces « sacri-fices »? — Si on se rappelle la conversation du matin entre Eugénie et Nanon (lignes 146-161), comment peut-on expliquer l'attitude actuelle de l'une et de l'autre au sujet de la galette? Grandet est-il dupe de leurs intentions?

— Pas du tout; tu nous feras du bouillon de volaille, les fermiers ne t'en laisseront pas chômer[1]. Mais je vais dire à
275 Cornoiller de me tuer des corbeaux. Ce gibier-là donne le meilleur bouillon[2] de la terre.

— C'est-il vrai, monsieur, que ça mange les morts?

— Tu es bête, Nanon! Ils mangent comme tout le monde, ce qu'ils trouvent. Est-ce que nous ne vivons pas des morts?
280 Qu'est-ce donc que les successions? » **(11)**

Le père Grandet, n'ayant plus d'ordre à donner, tira sa montre, et, voyant qu'il pouvait encore disposer d'une demi-heure avant le déjeuner[3], il prit son chapeau, vint embrasser sa fille et lui dit :

285 « Veux-tu te promener au bord de la Loire, sur mes prairies? J'ai quelque chose à y faire. »

Eugénie alla mettre son chapeau de paille cousue, doublé de taffetas rose; puis le père et la fille descendirent la rue tortueuse jusqu'à la place.

290 « Où dévalez[4]-vous donc si matin? dit le notaire Cruchot, qui rencontra Grandet.

— Voir quelque chose », répondit le bonhomme sans être la dupe de la promenade matinale de son ami.

Quand le père Grandet allait voir quelque chose, le notaire
295 savait par expérience qu'il y avait toujours quelque chose à gagner avec lui. Donc il l'accompagna.

« Venez, Cruchot, dit Grandet au notaire. Vous êtes de mes amis; je vais vous démontrer comme quoi c'est une bêtise de planter des peupliers dans de bonnes terres...

---

1. *Chômer (de) :* manquer (de); **2.** Le bouillon de corbeau était autrefois un mets assez courant dans les campagnes pauvres; Grandet l'apprécie évidemment parce qu'il est peu coûteux; **3.** Il s'agit naturellement du petit déjeuner; **4.** *Dévaler :* descendre.

━━━ QUESTIONS ━━━

10. Montrez le naturel avec lequel se développe cette conversation : d'où vient ici le réalisme de Balzac? — Le rôle de Nanon : les effets comiques assez traditionnels que Balzac tire de sa naïveté paysanne. Est-on sûr toutefois que Nanon ne fait pas la bête pour amadouer son maître? — Les maximes de Grandet (lignes 266-267 et 279-280) sont-elles à la portée de Nanon? Quelle satisfaction le bonhomme peut-il avoir à les exprimer dans la situation présente? — Considérez l'ensemble de cette conversation entre Grandet et Nanon (lignes 189-280); quel en est le procédé de composition? Comment, à chacun des sujets abordés (le pain, le sucre, la galette, etc.), Grandet trouve-t-il la réponse appropriée?

300 — Vous comptez donc pour rien les soixante mille francs
que vous avez palpés pour ceux qui étaient dans vos prairies
de la Loire? dit maître Cruchot en ouvrant des yeux hébétés.
Avez-vous eu du bonheur!... Couper vos arbres au moment
où l'on manquait de bois blanc à Nantes, et les vendre trente
305 francs! »

Eugénie écoutait sans savoir qu'elle touchait au moment le
plus solennel de sa vie, et que le notaire allait faire prononcer
sur elle un arrêt paternel et souverain. Grandet était arrivé
aux magnifiques prairies qu'il possédait au bord de la Loire,
310 et où trente ouvriers s'occupaient à déblayer, combler, niveler
les emplacements autrefois pris par les peupliers. **(12)**

« Maître Cruchot, voyez ce qu'un peuplier prend de terrain,
dit-il au notaire. — Jean, cria-t-il à un ouvrier, me... me...
mesure avec la toise[1] dans tou... tou... tous les sens!

315 — Quatre fois huit pieds[2], répondit l'ouvrier après avoir
fini.

— Trente-deux pieds[3] de perte, dit Grandet à Cruchot.
J'avais sur cette ligne trois cents peupliers, pas vrai? Or,
trois ce... ce... ce... cent fois trente-d... eux pie... pieds me man...
320 man... man... man... geaient cinq... inq cents de foin; ajoutez
deux fois autant sur les côtés, quinze cents; les rangées du
milieu autant. Alors, mé... mé... mettons mille bottes de
foin.

— Eh bien, dit Cruchot pour aider son ami, mille bottes de
ce foin-là valent environ six cents francs.

325 — Di... di... dites dou... ou... ouze cents, à cause des trois
à quatre cents francs de regain. Eh bien, ca... ca... ca... calculez
ce que... que... que dou... ouze cents francs par an, pen... pen...
pendant quarante ans, do... donnent a... a... avec les in... in...

---

1. *Toise* : unité de longueur valant 1,949 m, et instrument de mesure correspondant à cette longueur; **2.** *Pied* : voir page 37, note 1; **3.** En fait, la perte concerne la surface de chaque carré de terrain et non son périmètre (32 pieds);

———— **QUESTIONS** ————

12. Quelle signification prend progressivement la promenade de Grandet? Est-ce pur hasard si Cruchot est sorti lui aussi de bonne heure?
— Pourquoi Balzac prévient-il le lecteur que tout se passe selon un plan prémédité par Grandet (lignes 294-296)? Comment souligne-t-il l'innocence d'Eugénie?

intérêts com... com... composés que... que... que vous... ous
330 sa... a... avez.

— Va pour soixante mille francs, dit le notaire.

— Je le veux bien! ça ne... ne... ne fera que... que... que
soixante mille francs. Eh bien, reprit le vigneron sans bégayer,
deux mille peupliers de quarante ans ne me donneraient pas
335 cinquante mille francs. Il y a perte. J'ai trouvé ça, moi, dit
Grandet en se dressant sur ses ergots[1]. Jean, reprit-il, tu comble-
ras les trous, excepté du côté de la Loire, où tu planteras les
peupliers que j'ai achetés. En les mettant dans la rivière, ils se
nourriront aux frais du gouvernement, ajouta-t-il en se tournant
340 vers Cruchot et imprimant à la loupe de son nez un léger mouvement qui valait le plus ironique des sourires.

— Cela est clair : les peupliers ne doivent se planter que
sur les terres maigres, dit Cruchot, stupéfait par les calculs de
Grandet.

345 — *O-u-i, monsieur* », répondit ironiquement le tonnelier. **(13)**
Eugénie, qui regardait le sublime paysage de la Loire sans
écouter les calculs de son père, prêta bientôt l'oreille aux propos
de Cruchot en l'entendant dire à son client :

« Eh bien, vous avez fait venir un gendre de Paris; il n'est
350 question que de votre neveu dans tout Saumur. Je vais bientôt
avoir un contrat à dresser, père Grandet?

— Vous... ou... vous êtes so... so... orti de bo... bonne heure
pou... our me dire ça, reprit Grandet en accompagnant cette
réflexion d'un mouvement de sa loupe. Eh bien, mon vieux
355 cama... arade, je serai franc, et je vous dirai ce que vous...
ous vou... oulez sa... savoir. J'aimerais mieux, voyez-vous, je...
jeter ma fi... fi... fille dans la Loire que de la do... onner à son

---

1. *Se dresser sur ses ergots :* être à la fois hautain et prêt à la réplique, comme un
coq de combat.

QUESTIONS

---

13. Caractérisez l'aspect du réalisme balzacien qui apparaît ici; quelle
valeur donnent les précisions chiffrées à la démonstration de Grandet?
Ne pourrait-on discuter sur le plan technique la théorie que Grandet
émet ici?

— Pourquoi Grandet bégaie-t-il (voir chapitre premier, lignes 309-313),
puis retrouve-t-il le cours normal de sa parole? — La vanité de
Grandet : comment s'exprime-t-elle? Insisterait-il tellement sur sa propre
supériorité si sa fille n'était pas à ses côtés?

cou... ou... ousin : vous pou... pou... ouvez a... annoncer ça.
Mais non, laissez ja... aser le mon... onde. » **(14)**

360   Cette réponse causa des éblouissements à Eugénie. Les lointaines espérances qui pour elle commençaient à poindre dans
son cœur fleurirent soudain, se réalisèrent[1] et formèrent un
faisceau de fleurs qu'elle vit coupées et gisant à terre. Depuis
la veille, elle s'attachait à Charles par tous les liens de bonheur
365 qui unissent les âmes; désormais la souffrance allait donc les
corroborer[2]. N'est-il pas dans la noble destinée de la femme
d'être plus touchée des pompes de la misère[3] que des splendeurs de la fortune? Comment le sentiment paternel avait-il
pu s'éteindre au fond du cœur de son père? De quel crime
370 Charles était-il donc coupable? Questions mystérieuses! Déjà
son amour naissant, mystère si profond, s'enveloppait de
mystères. Elle revint tremblant sur ses jambes, et, en arrivant
à la vieille rue sombre, si joyeuse pour elle, elle la trouva d'un
aspect triste, elle y respira la mélancolie que les temps et les
375 choses y avaient imprimée. Aucun des enseignements de l'amour
ne lui manquait. **(15)**

    A quelques pas du logis, elle devança son père et l'attendit
à la porte après y avoir frappé. Mais Grandet, qui voyait dans
la main du notaire un journal encore sous bande, lui avait dit :
380 « Où en sont les fonds[4]?

    — Vous ne voulez pas m'écouter, Grandet, lui répondit
Cruchot. Achetez-en vite, il y a encore vingt pour cent à gagner
en deux ans, outre les intérêts à un excellent taux, cinq mille

---

1. *Se réaliser :* prendre corps; 2. *Corroborer :* fortifier; 3. Ce qu'il peut y avoir de
grand et de noble dans la misère; 4. Les *fonds* publics, destinés à servir les intérêts
des emprunts de l'État; c'est ce qu'on appelait aussi la *rente.*

──── ■ **QUESTIONS** ■ ────

14. Pourquoi Cruchot n'a-t-il pas abordé plus tôt le sujet qui le préoc-
cupe? A quoi voit-on, dans les attitudes et les paroles de Grandet, qu'il
a attendu ce moment et préparé sa leçon? — La « franchise » de Grandet
est-elle coutumière? — Le vieillard est-il conscient de la cruauté dont il
use à l'égard d'Eugénie? N'avait-il pas d'autres moyens de lui faire savoir
sa décision? — Le paysage dans lequel se déroule cette scène.

15. Le choc subi par Eugénie : quelle est sa première réaction? Analysez les différentes pensées qui l'assaillent : est-ce que la révolte est
son premier mouvement? — Étudiez le style de ce passage, et notamment
les images. Quel contraste est ainsi créé avec le dialogue qui précède
et avec celui qui suit?

livres de rente pour quatre-vingt mille francs. Les fonds sont
385 à quatre-vingt francs cinquante centimes[1].

— Nous verrons cela, répondit Grandet en se frottant le
menton.

— Mon Dieu! dit le notaire, qui avait ouvert son journal.

— Eh bien, quoi? s'écria Grandet au moment où Cruchot
390 lui mettait le journal sous les yeux en lui disant : « Lisez cet
article. »

« M. Grandet, l'un des négociants les plus estimés de Paris,
s'est brûlé la cervelle hier, après avoir fait son apparition
accoutumée à la Bourse. Il avait envoyé au président de la
395 Chambre des députés sa démission, et s'était également démis
de ses fonctions de juge au tribunal de commerce. Les faillites
de MM. Roguin et Souchet, son agent de change et son notaire,
l'ont ruiné. La considération dont jouissait M. Grandet et son
crédit étaient néanmoins tels qu'il eût sans doute trouvé des
400 secours sur la place[2] de Paris. Il est à regretter que cet homme
honorable ait cédé à un premier moment de désespoir; etc... »

« Je le savais », dit le vieux vigneron au notaire.

Ce mot glaça maître Cruchot, qui, malgré son impassibilité
de notaire, se sentit froid dans le dos en pensant que le Grandet
405 de Paris avait peut-être imploré vainement les millions du
Grandet de Saumur.

« Et son fils, si joyeux hier...?

— Il ne sait rien encore, répondit Grandet avec le même
calme.

410 — Adieu, monsieur Grandet », dit Cruchot, qui comprit tout
et alla rassurer le président de Bonfons. **(16)**

---

1. Les titres de la rente d'État à 5% sont donc cotés à la Bourse en dessous de
leur valeur d'émission, qui était de 100 F; c'est un moment favorable pour en acheter; **2.** *Place :* ensemble des banquiers, des négociants d'une ville (expression commerciale).

QUESTIONS

---

16. L'intérêt prudent que Grandet porte aux fonds d'État; comment
trouve-t-il moyen une fois de plus de tenir Cruchot sous sa dépendance?
— Devinait-il que le journal annonçait la mort de son frère? L'effet
dramatique provoqué par sa réplique *Je le savais.* — Grandet a-t-il
réellement refusé à son frère de l'aider? Lui déplairait-il en tout cas
qu'on le crût? — Considérez dans son ensemble la promenade de Grandet,
accompagné de Cruchot et d'Eugénie; comment s'enrichit ici le portrait
de l'avare? La mort de son frère et l'arrivée de Charles l'ont-elles détourné
de ses préoccupations habituelles? Comment le fait-il comprendre à
Cruchot comme à Eugénie?

En rentrant, Grandet trouva le déjeuner prêt. Madame Grandet, au cou de laquelle Eugénie sauta pour l'embrasser avec cette vive effusion de cœur que nous cause un chagrin secret, 415 était déjà sur son siège à patins[1] et se tricotait des manches pour l'hiver.

« Vous pouvez manger, dit Nanon, qui descendit les escaliers quatre à quatre, l'enfant dort comme un chérubin. Qu'il est gentil, les yeux fermés! Je suis entrée, je l'ai appelé. Ah bien 420 oui! personne.

— Laisse-le dormir, dit Grandet, il s'éveillera toujours assez tôt aujourd'hui pour apprendre de mauvaises nouvelles.

— Qu'y a-t-il donc? » demanda Eugénie en mettant dans son café les deux petits morceaux de sucre pesant on ne sait 425 combien de grammes que le bonhomme s'amusait à couper[2] lui-même à ses heures perdues.

Madame Grandet, qui n'avait pas osé faire cette question, regarda son mari.

« Son père s'est brûlé la cervelle.

430 — Mon oncle?... dit Eugénie.

— Le pauvre jeune homme! s'écria madame Grandet.

— Oui, pauvre, reprit Grandet, il ne possède pas un sou.

— Eh ben, il dort comme s'il était le roi de la terre », dit Nanon, d'un accent doux.

435 Eugénie cessa de manger. Son cœur se serra comme le cœur se serre quand, pour la première fois, la compassion, excitée par le malheur de celui qu'elle aime, s'épanche dans le corps entier d'une femme. La jeune fille pleura.

« Tu ne connaissais pas ton oncle, pourquoi pleures-tu? 440 lui dit son père, en lui lançant un de ces regards de tigre affamé qu'il jetait sans doute à ses tas d'or.

— Mais, monsieur, dit la servante, qui ne se sentirait pas de pitié pour ce pauvre jeune homme, qui dort comme un sabot[3] sans savoir son sort?

445 — Je ne te parle pas, Nanon! tiens ta langue. »

Eugénie apprit en ce moment que la femme qui aime doit toujours dissimuler ses sentiments. Elle ne répondit pas.

---

1. *Patins* : voir page 46, note 5; 2. Le sucre était vendu en gros pains coniques, que chacun pouvait couper à sa guise; 3. *Sabot* : toupie. On dit que le sabot *dort* quand il tourne si vite, restant sur le même point, qu'il semble immobile.

« Jusqu'à mon retour vous ne lui parlerez de rien, j'espère, madame Grandet, dit le vieillard en continuant. Je suis obligé
450 d'aller faire aligner le fossé de mes prés sur la route. Je serai revenu à midi pour le second déjeuner[1], et je causerai avec mon neveu de ses affaires. — Quant à toi, mademoiselle Eugénie, si c'est pour ce mirliflore[2] que tu pleures, assez comme cela, mon enfant. Il partira dare-dare pour les grandes Indes. Tu
455 ne le verras plus... »

Le père prit ses gants au bord de son chapeau, les mit avec son calme habituel, les assujettit en s'emmortaisant[3] les doigts les uns dans les autres, et sortit. **(17)**

« Ah! maman, j'étouffe! s'écria Eugénie, quand elle fut seule
460 avec sa mère. Je n'ai jamais souffert ainsi. »

Madame Grandet, voyant sa fille pâlir, ouvrit la croisée et lui fit respirer le grand air.

« Je suis mieux », dit Eugénie après un moment.

Cette émotion nerveuse chez une nature jusqu'alors en appa-
465 rence calme et froide réagit sur madame Grandet, qui regarda sa fille avec cette intuition sympathique[4] dont sont douées les mères pour l'objet de leur tendresse et devina tout. Mais, à la vérité, la vie des célèbres sœurs hongroises[5], attachées l'une à l'autre par une erreur de la nature, n'avait pas été plus
470 intime que ne l'était celle d'Eugénie et de sa mère, toujours ensemble dans cette embrasure de croisée, ensemble à l'église, et dormant ensemble dans le même air.

---

1. Le premier étant celui du matin; on commence alors à substituer cette expression au mot *diner* pour désigner le repas de midi; 2. *Mirliflore* : voir page 83, note 2; 3. *Emmortaiser* : insérer le bout d'une pièce de bois dans une autre pièce de bois entaillée à cet effet. Ici, Grandet enfonce ses doigts dans ses gants en croisant les doigts le plus près possible de leur racine, comme on *emmortaiserait* deux pièces de bois; 4. *Sympathique* : qui marque une profonde communauté de sentiment (sens fort); 5. *Sœurs hongroises* : jumelles siamoises nées en 1701. Elles furent d'abord exhibées en Europe, puis mises dans un couvent, où elles moururent en 1723.

■──── **QUESTIONS** ────

17. Le lecteur s'attendait-il à cette scène? Comment Balzac en accentue-t-il le caractère tragique? — Grandet face au chœur des lamentations féminines : n'a-t-il rien fait pour atténuer le choc? Pourquoi cette brutalité? Montrez qu'il a une réponse toute prête pour chacune d'elles; étudiez en particulier son attitude à l'égard d'Eugénie (lignes 432 et 439-441). — Peut-on accuser Grandet d'être cruel à dessein? Comment conçoit-il son rôle de mari, de père et de maître en cette circonstance? — La destinée d'Eugénie n'est-elle pas dès maintenant fixée?

« Ma pauvre enfant! » dit madame Grandet, en prenant la tête d'Eugénie pour l'appuyer contre son sein.

475 A ces mots, la jeune fille releva la tête, interrogea sa mère par un regard, en scruta les secrètes pensées, et lui dit :

« Pourquoi l'envoyer aux Indes? S'il est malheureux, ne doit-il pas rester ici? n'est-il pas notre plus proche parent?

— Oui, mon enfant, ce serait bien naturel; mais ton père 480 a ses raisons, nous devons les respecter. »

La mère et la fille s'assirent en silence, l'une sur sa chaise à patins, l'autre sur son petit fauteuil; et, toutes deux, elles reprirent leur ouvrage. Oppressée de reconnaissance pour l'admirable entente de cœur que lui avait témoignée sa mère, 485 Eugénie lui baisa la main en disant :

« Combien tu es bonne, ma chère maman! »

Ces paroles firent rayonner le vieux visage maternel, flétri par de longues douleurs.

« Le trouves-tu bien? » demanda Eugénie.

490 Madame Grandet ne répondit que par un sourire; puis, après un moment de silence, elle dit à voix basse :

« L'aimerais-tu donc déjà? Ce serait mal.

— Mal, reprit Eugénie, pourquoi? Il te plaît, il plaît à Nanon, pourquoi ne me plairait-il pas? Tiens, maman, mettons la table 495 pour son déjeuner. »

Elle jeta son ouvrage, la mère en fit autant en lui disant :

« Tu es folle! »

Mais elle se plut à justifier la folie de sa fille en la partageant. **(18)**

500 Eugénie appela Nanon.

« Quoi que vous voulez encore, mamselle?

— Nanon, tu auras bien de la crème pour midi?

— Ah! pour midi, oui, répondit la vieille servante.

— Eh bien, donne-lui du café bien fort, j'ai entendu dire

───── **QUESTIONS** ─────

18. Le pathétique de cette scène : montrez que Balzac sait créer l'attendrissement sans sortir du naturel. Quelles causes le romancier donne-t-il à cette « sympathie » profonde entre la mère et la fille? — Entre la révolte d'Eugénie et la soumission de Mme Grandet, comment l'harmonie des sentiments s'établit-elle peu à peu? — Faites un portrait de Mme Grandet; apparaît-elle sous un jour nouveau? Dégagez l'opposition entre son tempérament et la personnalité qu'elle a dû se composer.

505 à M. Des Grassins que le café se faisait bien fort à Paris. Mets-en
beaucoup.

— Et où voulez-vous que j'en prenne?

— Achètes-en.

— Et si monsieur me rencontre?

510 — Il est à ses prés.

— Je cours. Mais, M. Fessard m'a déjà demandé si les trois
mages[1] étaient chez nous, en me donnant de la bougie. Toute
la ville va savoir nos déportements[2].

— Si ton père s'aperçoit de quelque chose, dit madame
515 Grandet, il est capable de nous battre.

— Eh bien, il nous battra, nous recevrons ses coups à
genoux. » **(19)**

Madame Grandet leva les yeux au ciel pour toute réponse.
Nanon prit sa coiffe[3] et sortit. Eugénie donna du linge blanc,
520 elle alla chercher quelques-unes des grappes de raisin qu'elle
s'était amusée à étendre sur des cordes dans le grenier; elle
marcha légèrement le long du corridor pour ne point éveiller
son cousin et ne put s'empêcher d'écouter à sa porte la respi-
ration qui s'échappait en temps[4] égaux de ses lèvres.

525 « Le malheur veille pendant qu'il dort », se dit-elle.

Elle prit les plus vertes feuilles de la vigne, arrangea son
raisin aussi coquettement que l'aurait pu dresser un vieux
chef d'office[5], et l'apporta triomphalement sur la table. Elle
fit main basse, dans la cuisine, sur les poires comptées par son
530 père et les disposa en pyramide parmi des feuilles. Elle allait,
venait, trottait, sautait. Elle aurait bien voulu mettre à sac
toute la maison de son père; mais il avait les clefs de tout.

---

1. *Les trois* [rois] *mages* qui vinrent de l'Orient à Bethléem pour adorer l'enfant
Jésus et lui apporter de riches présents; 2. *Déportements :* mauvaise conduite. Ici,
dépenses exceptionnelles; 3. *Coiffe :* ajustement de tête en toile ou en tissu léger;
4. *Temps :* durée qui sépare deux répétitions du même phénomène; 5. Le *chef d'office*
règle tout ce qui dépend du service de table. On dirait aujourd'hui *maître d'hôtel*.

─────── **QUESTIONS** ───────

19. Cette scène n'est-elle pas la répétition d'un épisode antérieur?
Pourquoi prend-elle un caractère encore plus dérisoire et attendrissant,
maintenant que le malheur de Charles est connu des trois femmes? —
Montrez qu'Eugénie s'enhardit : son goût de l'héroïsme romanesque
nous surprend-il? Quelle scène imagine-t-elle dans sa dernière réplique
(lignes 516-517)?

Nanon revint avec deux œufs frais. En voyant les œufs, Eugénie eut l'envie de lui sauter au cou.

535 « Le fermier de la Lande en avait dans son panier, je les lui ai demandés, et il me les a donnés pour m'être agréable, le mignon. »

Après deux heures de soins, pendant lesquelles Eugénie quitta vingt fois son ouvrage pour aller voir bouillir le café, 540 pour aller écouter le bruit que faisait son cousin en se levant, elle réussit à préparer un déjeuner très simple, peu coûteux, mais qui dérogeait terriblement aux habitudes invétérées de la maison. Le déjeuner de midi s'y faisait debout. Chacun prenait un peu de pain, un fruit ou du beurre, et un verre 545 de vin. En voyant la table placée auprès du feu, l'un des fauteuils mis devant le couvert de son cousin, en voyant les deux assiettées de fruits, le coquetier, la bouteille de vin blanc, le pain, et le sucre amoncelé dans une soucoupe, Eugénie trembla de tous ses membres en songeant seulement alors aux regards 550 que lui lancerait son père, s'il venait à rentrer en ce moment. Aussi regardait-elle souvent la pendule, afin de calculer si son cousin pourrait déjeuner avant le retour du bonhomme.

« Sois tranquille, Eugénie; si ton père vient, je prendrai tout sur moi », dit madame Grandet.

555 Eugénie ne put retenir une larme.

« Oh! ma bonne mère, s'écria-t-elle, je ne t'ai pas assez aimée! » **(20)**

Charles, après avoir fait mille tours dans sa chambre en chanteronnant[1], descendit enfin. Heureusement il n'était encore 560 que onze heures. Le Parisien! il avait mis autant de coquetterie à sa toilette que s'il se fût trouvé au château de la noble dame qui voyageait en Écosse. Il entra de cet air affable et riant

---

1. *Chanteronner :* chantonner (ce verbe semble de l'invention de Balzac).

━━━━━━━ **QUESTIONS** ━━━━━━━━━━━━━━━━━━━━━━━━━━

20. Relevez les expressions et les effets de style qui soulignent l'allégresse d'Eugénie : quel état d'âme, nouveau pour elle, est traduit par chacun de ses gestes et chacune de ses attitudes? Eugénie a-t-elle conscience de la transformation qui se produit en elle? — Le malheur qui frappe Charles ne devrait-il pas atténuer ce sentiment d'allégresse? Comment Mme Grandet réussit-elle à calmer la seule crainte qui pourrait gâcher le bonheur d'Eugénie? — Comment se révèle par des images concrètes la profonde révolution qui se produit dans la maison Grandet?

qui sied si bien à la jeunesse, et qui causa une joie triste à
Eugénie. Il avait pris en plaisanterie le désastre de ses châteaux
565 en Anjou[1] et aborda sa tante fort gaiement.

« Avez-vous bien passé la nuit, ma chère tante? Et vous,
ma cousine?

— Bien, monsieur; mais vous? dit madame Grandet.

— Moi, parfaitement.

570 — Vous devez avoir faim, mon cousin, dit Eugénie; mettez-
vous à table.

— Mais je ne déjeune jamais avant midi, le moment où
je me lève. Cependant j'ai si mal vécu[2] en route que je me
laisserai faire. D'ailleurs... »

575 Il tira la plus délicieuse montre plate que Bréguet[3] ait
faite.

— Tiens, mais il est onze heures, j'ai été matinal.

— Matinal?... dit madame Grandet.

— Oui, mais je voulais ranger mes affaires. Eh bien, je man-
gerais volontiers quelque chose, un rien, une volaille, un per-
580 dreau.

— Sainte Vierge! cria Nanon en entendant ces paroles.

— Un perdreau, se disait Eugénie, qui aurait voulu payer
un perdreau de tout son pécule.

— Venez vous asseoir », lui dit sa tante. **(21)**

585 Le dandy[4] se laissa aller sur le fauteuil comme une jolie femme
qui se pose sur son divan. Eugénie et sa mère prirent des chaises
et se mirent près de lui devant le feu.

« Vous vivez toujours ici? leur dit Charles en trouvant la
salle encore plus laide au jour qu'elle ne l'était aux lumières.

---

1. Allusion à son espoir déçu de trouver son oncle au château de Froidfond
(expression calquée sur celle de « château en Espagne »); 2. *Si mal vécu* : si mal
mangé; 3. *Bréguet* : horloger, né en Suisse en 1747, mort à Paris en 1823. Il fabriqua
toutes sortes d'instruments de précision; 4. *Dandy* : voir page 70, note 4.

QUESTIONS

21. L'état d'esprit de Charles (lignes 560-565) est-il le même que la
veille au soir? Songe-t-il toutefois à s'adapter au milieu où il se trouve?
Comment Balzac excuse-t-il son insouciance? — Son comportement face
à sa tante et à sa cousine : fait-il des efforts pour être naturel? A-t-il
l'intention délibérée de choquer ses hôtes? Sa désinvolture apparente ne
marque-t-elle pas une certaine gêne? — Les préoccupations d'Eugénie
(lignes 501-506 et 526-543) : est-elle récompensée de tout le mal qu'elle
s'est donné?

590 — Toujours, répondit Eugénie en le regardant, excepté pendant les vendanges. Nous allons alors aider Nanon et logeons tous à l'abbaye de Noyers.

— Vous ne vous promenez jamais?

— Quelquefois le dimanche, après vêpres, quand il fait beau, 595 dit madame Grandet, nous allons sur le pont, ou voir les foins quand on les fauche.

— Avez-vous un théâtre?

— Aller au spectacle! s'écria madame Grandet, voir des comédiens! Mais, monsieur, ne savez-vous pas que c'est un 600 péché mortel[1]?

— Tenez, mon cher monsieur, dit Nanon, en apportant les œufs, nous vous donnerons les poulets à la coque.

— Oh! des œufs frais, dit Charles, qui, semblable aux gens habitués au luxe, ne pensait déjà plus à son perdreau. Mais 605 c'est délicieux! Si vous aviez du beurre, hein, ma chère enfant?

— Ah! du beurre! Vous n'aurez donc pas de galette? dit la servante.

— Mais donne du beurre, Nanon! » s'écria Eugénie. **(22)**
610 La jeune fille examinait son cousin coupant ses mouillettes et y prenait plaisir, autant que la plus sensible grisette[2] de Paris en prend à voir jouer un mélodrame où triomphe l'innocence. Il est vrai que Charles, élevé par une mère gracieuse, perfectionné[3] par une femme à la mode, avait des mouvements coquets, élégants, menus, comme le sont ceux d'une petite 615 maîtresse. La compatissance[4] et la tendresse d'une jeune fille

---

1. L'Église a longtemps considéré le théâtre comme un divertissement dangereux (voir Bossuet, *Maximes et réflexions sur la comédie*) et excommunié les comédiens. Cette rigueur s'atténue toutefois au XIXe siècle, mais Mme Grandet a des idées qui ne sont plus de son temps; 2. *Grisette* désignait, à l'époque où écrivait Balzac, les jeunes ouvrières : couturières, brodeuses, modistes, etc. 3. Formé aux usages du monde; 4. *Compatissance* : compassion (mot sans doute forgé par Balzac).

=== **QUESTIONS** ===

22. Montrez que les questions de Charles n'ont pas le même sens pour ses interlocutrices et pour lui. N'y a-t-il pas une sorte de quiproquo? En quoi est-ce d'abord une opposition dans les genres de vie? Comment, inconsciemment, les réponses d'Eugénie ou de sa mère soulignent-elles cette opposition? Le jeune homme vous semble-t-il doué de beaucoup de tact? Cherchez les causes de son attitude (caractère, éducation, naïveté).
— Pourquoi, selon vous, Eugénie répond-elle si vivement à Nanon (ligne 608)? Est-ce simplement par empressement à satisfaire son cousin?

possèdent une influence vraiment magnétique. Aussi Charles, en se voyant l'objet des attentions de sa cousine et de sa tante, ne put-il se soustraire à l'influence des sentiments qui se diri-geaient vers lui en l'inondant, pour ainsi dire. Il jeta sur Eugénie
620 un de ces regards brillants de bonté, de caresses, un regard qui semblait sourire. Il s'aperçut, en contemplant Eugénie, de l'exquise harmonie des traits de ce pur visage, de son innocente attitude, de la clarté magique de ses yeux, où scintillaient de jeunes pensées d'amour, et où le désir ignorait la volupté.

625 « Ma foi, ma chère cousine, si vous étiez en grande loge et en grande toilette à l'Opéra, je vous garantis que ma tante aurait bien raison[1], vous y feriez faire bien des péchés d'envie aux hommes et de jalousie aux femmes. »

Ce compliment étreignit le cœur d'Eugénie et le fit palpiter
630 de joie, quoiqu'elle n'y comprît rien. (23)

« Oh! mon cousin, vous voulez vous moquer d'une pauvre petite provinciale. *elle ne sait pas accepter un compliment.*

— Si vous me connaissiez, ma cousine, vous sauriez que j'abhorre la raillerie : elle flétrit le cœur, froisse tous les senti-
635 ments... »

Et il goba fort agréablement[2] sa mouillette beurrée.

« Non, je n'ai probablement pas assez d'esprit pour me moquer des autres, et ce défaut me fait beaucoup de tort. A Paris, on trouve moyen de vous assassiner[3] un homme
640 en disant : « Il a bon cœur. » Cette phrase veut dire : « Le pauvre garçon est bête comme un rhinocéros. » Mais, comme je suis riche, et connu pour abattre une poupée[4] du premier

---

1. *Aurait bien raison :* de dire que c'est péché d'aller à la comédie; 2. *Agréable-ment :* avec une élégance raffinée; 3. *Assassiner :* tuer par le ridicule; 4. *Poupée :* petite figure servant de cible pour le tir au pistolet. Les salles d'armes étaient alors très fréquentées, les duels étant nombreux. — *Var. :* « [connu] pour tuer mon homme du premier coup à douze pas, [la raillerie]... ».

──────── **QUESTIONS** ────────

23. Analysez la manière dont se révèle, chez Eugénie, l'admiration : la comparaison avec une grisette est-elle péjorative? Que veut montrer l'au-teur? — Comment Balzac explique-t-il à la fois ce qui fascine Eugénie et tout le comportement de Charles? Comment le caractère de ce dernier se nuance-t-il pour prendre finalement un aspect assez sympathique? Sous quelle influence? Pourquoi le « magnétisme » des sentiments inno-cents et purs peut-il vaincre les tendances artificiellement créées par l'éducation et par la société? — Le compliment de Charles (lignes 625-628) : qu'est-ce qui le caractérise? La réaction d'Eugénie est-elle surpre-nante? En quoi est-elle touchante?

coup à trente pas avec toute espèce de pistolet, et en plein champ, la raillerie me respecte.

645 — Ce que vous dites, mon neveu, annonce un bon cœur.

— Vous avez une bien jolie bague, dit Eugénie; est-ce mal de vous demander à la voir? »

Charles tendit la main en défaisant son anneau, et Eugénie rougit en effleurant du bout de ses doigts les ongles roses de 650 son cousin. *touche!*

« Voyez, ma mère, le beau travail.

— Oh! il y a gros d'or, dit Nanon, en apportant le café.

— Qu'est-ce que c'est que cela? » demanda Charles en riant.

Et il montrait un pot oblong, en terre brune, verni, faïencé 655 à l'intérieur, bordé d'une frange de cendre, et au fond duquel tombait le café en revenant à la surface du liquide bouillonnant.

« C'est du café *boullu*[1], dit Nanon.

— Ah! ma chère tante, je laisserai du moins quelque trace bienfaisante de mon passage ici. Vous êtes bien arriérés! Je 660 vous apprendrai à faire de bon café dans une cafetière à la Chaptal[2]. »

Il tenta d'expliquer le système de la cafetière à la Chaptal.

« Ah ben, s'il y a tant d'affaires que ça, dit Nanon, il faudrait ben y passer sa vie. Jamais je ne ferai de café comme 665 ça. Ah ben oui! Et qui est-ce qui ferait de l'herbe pour notre vache pendant que je ferais le café?

— C'est moi qui le ferai, dit Eugénie.

— Enfant! » dit madame Grandet en regardant sa fille. **(24)**

---

1. *Boullu* : bouilli; 2. *Jean Antoine Chaptal* (1756-1832) : médecin, chimiste, agronome et homme politique. Il semble que cette *cafetière à la Chaptal* soit une invention de Balzac.

─────── **QUESTIONS** ───────

24. Quelle est l'utilité de la profession de foi de Charles (lignes 637-644)? Comment s'y mêlent modestie et vanité? Pourquoi est-ce Mme Grandet qui répond à Charles? Sa bienveillance est-elle vraiment dictée par les propos de son neveu? Quel drame, connu de tous, sauf de Charles, donne une résonance tragique à cette partie de la scène? — L'enchaînement naturel qui amène la conversation sur la bague, puis sur le café : comment ces deux épisodes contribuent-ils à renforcer chez Charles le sens de sa supériorité? Pourquoi perd-il un peu de notre sympathie? — La réplique d'Eugénie (ligne 667) ne contient-elle pas, sous une apparence naïve et banale, l'espoir de toute une vie nouvelle? — Considérez dans son ensemble la scène entre Charles et les trois femmes (lignes 566-668) : pourquoi était-il utile de retarder le moment où le jeune homme apprendrait la mort de son père?

A ce mot, qui rappelait le chagrin près de fondre sur ce
670 malheureux jeune homme, les trois femmes se turent et le
contemplèrent d'un air de commisération qui le frappa.

« Qu'avez-vous donc, ma cousine?

— Chut! dit madame Grandet à Eugénie, qui allait parler.
Tu sais, ma fille, que ton père s'est chargé de parler à monsieur...

675 — Dites Charles, dit le jeune Grandet.

— Ah! vous vous nommez Charles? C'est un beau nom »,
s'écria Eugénie.

Les malheurs pressentis arrivent presque toujours. Là,
Nanon, madame Grandet et Eugénie, qui ne pensaient pas
680 sans frisson au retour du vieux tonnelier, entendirent un coup
de marteau dont le retentissement leur était bien connu.

« Voilà papa! » dit Eugénie.

Elle ôta la soucoupe au sucre en en laissant quelques morceaux sur la nappe. Nanon emporta l'assiette aux œufs. Madame
685 Grandet se dressa comme une biche effrayée. Ce fut une peur
panique[1], de laquelle Charles s'étonna sans pouvoir se l'expliquer.

« Eh bien, qu'avez-vous donc? leur demanda-t-il.

— Mais voilà mon père, dit Eugénie.

690 — Eh bien?... » (25)

M. Grandet entra, jeta son regard clair sur la table, sur
Charles, il vit tout.

« Ah! ah! vous avez fait fête à votre neveu, c'est bien, très
bien, c'est fort bien! dit-il sans bégayer. Quand le chat court
695 sur les toits, les souris dansent sur les planchers.

— Fête?... se dit Charles, incapable de soupçonner le régime[2]
et les mœurs de cette maison.

— Donne-moi mon verre, Nanon », dit le bonhomme.

Eugénie apporta le verre. Grandet tira de son gousset[3] un

---

1. *Peur panique* : crainte soudaine; 2. *Régime* : manière de régler la vie quoti-
dienne; 3. *Gousset* : poche pratiquée à la ceinture de la culotte.

QUESTIONS
---

25. Étudiez le mouvement dramatique qui marque le tournant de cette
scène : comment l'atmosphère tourne-t-elle progressivement au tragique?
— Ce retour de Grandet a-t-il été préparé? Par quelle phrase (ligne 678)
Balzac justifie-t-il cette scène attendue? — Le rapide dialogue des
lignes 688-690 : comment condense-t-il en quelques mots les sentiments
de Charles et d'Eugénie à ce moment?

700 couteau de corne à grosse lame, coupa une tartine, prit un
peu de beurre, l'étendit soigneusement, et se mit à manger
debout. En ce moment Charles sucrait son café. Le père Grandet
aperçut les morceaux de sucre, examina sa femme, qui pâlit
et fit trois pas; il se pencha vers l'oreille de la pauvre vieille
705 et lui dit :

« Où donc avez-vous pris tout ce sucre?

— Nanon est allée en chercher chez Fessard, il n'y en avait
pas. »

Il est impossible de se figurer l'intérêt profond que cette
710 scène muette offrait à ces trois femmes : Nanon avait quitté sa
cuisine et regardait dans la salle pour voir comment les choses
s'y passeraient. Charles, ayant goûté son café, le trouva trop
amer et chercha le sucre que Grandet avait déjà serré[1].

« Que voulez-vous, mon neveu? lui dit le bonhomme.

715 — Le sucre.

— Mettez du lait, répondit le maître de la maison, votre
café s'adoucira. »

Eugénie reprit la soucoupe au sucre que Grandet avait déjà
serrée, et la mit sur la table en contemplant son père d'un air
720 calme. Certes, la Parisienne, qui, pour faciliter la fuite de son
amant, soutient de ses faibles bras une échelle de soie, ne
montre pas plus de courage que n'en déployait Eugénie en
remettant le sucre sur la table. L'amant récompensera sa Parisienne qui lui fera voir orgueilleusement un beau bras meurtri
725 dont chaque veine flétrie sera baignée de larmes, de baisers, et
guérie par le plaisir; tandis que Charles ne devait jamais être
dans le secret des profondes agitations qui brisaient le cœur
de sa cousine, alors foudroyée par le regard du vieux tonnelier. **(26)**

730 « Tu ne manges pas, ma femme? »

---

1. *Serrer :* ranger, mettre à l'abri.

— QUESTIONS —

26. Quelle attitude le père Grandet adopte-t-il dès son entrée? Pourquoi exige-t-il immédiatement son repas au lieu de donner libre cours
à sa colère? — Une tragédie domestique autour d'un sucrier; pourquoi
est-ce la présence du sucre qui déchaîne plus que le reste la colère de
Grandet? — Le rôle d'Eugénie dans cette scène; le parallèle entre la
Parisienne et Eugénie est-il capable de rehausser à nos yeux l'héroïsme
de la jeune fille? — Le comportement de Charles : faut-il lui reprocher
de ne pas deviner la situation?

mère ≠ Eugénie

La pauvre ilote[1] (esclave ?) s'avança, coupa piteusement[2] un morceau de pain et prit une poire. Eugénie offrit audacieusement à son père du raisin, en lui disant :

« Goûte donc à ma conserve, papa! Mon cousin, vous en
735 mangerez, n'est-ce pas? Je suis allée chercher ces jolies grappes-là pour vous.

— Oh! si on ne les arrête, elles mettront Saumur au pillage pour vous, mon neveu. Quand vous aurez fini, nous irons ensemble dans le jardin, j'ai à vous dire des choses qui ne sont
740 pas sucrées. » *pun.*

Eugénie et sa mère lancèrent un regard sur Charles, à l'expression duquel le jeune homme ne put se tromper.

« Qu'est-ce que ces mots signifient, mon oncle? Depuis la mort de ma pauvre mère... (à ces deux mots, sa voix mollit),
745 il n'y a pas de malheur possible pour moi...

— Mon neveu, qui peut connaître les afflictions par lesquelles Dieu veut nous éprouver? lui dit sa tante.

— Ta ta ta ta! dit Grandet, voilà les bêtises qui commencent. Je vois avec peine, mon neveu, vos jolies mains blanches. »
750 Il lui montra les espèces d'épaules de mouton que la nature lui avait mises au bout des bras.

« Voilà des mains faites pour ramasser des écus! Vous avez été élevé à mettre vos pieds dans la peau avec laquelle se fabriquent les portefeuilles où nous serrons les billets de
755 commerce[3]. Mauvais! mauvais!

— Que voulez-vous dire, mon oncle? Je veux être pendu si je comprends un seul mot.

— Venez », dit Grandet.

L'avare fit claquer la lame de son couteau, but le reste de
760 son vin blanc et ouvrit la porte.

« Mon cousin, ayez du courage! » **(27)**

(gentil)

---

1. *Ilote* : voir page 36, note 3; **2.** *Piteusement* : de manière à exciter la pitié (sens propre); **3.** *Billet de commerce* : écrit par lequel on s'engage à payer, à une date déterminée, une somme due.

━━━━━━━ **QUESTIONS** ━━━━━━━

27. Pourquoi et comment Balzac souligne-t-il la grande différence d'attitude entre Eugénie et sa mère face à Grandet? Cependant, peut-on penser que la jeune fille est absolument de sang-froid? — Montrez que la brutalité de Grandet à l'égard de son neveu est : 1° conforme à son tempérament; 2° un moyen d'en finir avec une obligation pénible; 3° une réaction pour reconquérir sa supériorité menacée.

L'accent de la jeune fille avait glacé Charles, qui suivit son terrible parent en proie à de mortelles inquiétudes[1]. Eugénie, sa mère et Nanon vinrent dans la cuisine, excitées par une invincible curiosité à épier les deux acteurs de la scène qui allait se passer dans le petit jardin humide où l'oncle marcha d'abord silencieusement avec le neveu. Grandet n'était pas embarrassé pour apprendre à Charles la mort de son père, mais il éprouvait une sorte de compassion en le sachant sans un sou, et il cherchait des formules pour adoucir l'expression de cette cruelle vérité. « Vous avez perdu votre père ! » ce n'était rien à dire. Les pères meurent avant les enfants. Mais : « Vous êtes sans aucune espèce de fortune ! » tous les malheurs de la terre étaient réunis dans ces paroles. Et le bonhomme de faire, pour la troisième fois, le tour de l'allée du milieu, dont le sable craquait sous les pieds. Dans les grandes circonstances de la vie, notre âme s'attache fortement aux lieux où les plaisirs et les chagrins fondent sur nous. Aussi Charles examinait-il avec une attention particulière les buis de ce petit jardin, les feuilles pâles qui tombaient, les dégradations des murs, les bizarreries[2] des arbres fruitiers, détails pittoresques qui devaient rester gravés dans son souvenir, éternellement mêlés à cette heure suprême, par une mnémotechnie[3] particulière aux passions. **(28)**

« Il fait bien chaud, bien beau, dit Grandet en aspirant une forte partie d'air.

— Oui, mon oncle... Mais pourquoi...?

— Eh bien, mon garçon, reprit l'oncle, j'ai de mauvaises nouvelles à t'apprendre. Ton père est bien mal...

— Pourquoi suis-je ici? dit Charles. Nanon, cria-t-il, des chevaux de poste ! Je trouverai bien une voiture dans le pays?

---

1. *Var.* : « [qui] suivit, en proie à de mortelles inquiétudes, son terrible parent » ; 2. *Bizarrerie* : forme bizarre, contournée ; 3. *Mnémotechnie* : art de développer, d'aider la mémoire.

──────── **QUESTIONS** ────────

28. Essayez d'imaginer l'état d'esprit de Charles à ce moment. De quel délai le romancier profite-t-il pour nous faire pénétrer dans la conscience des deux personnages? Montrez la *mnémotechnie* affective. — La méditation du père Grandet : soulignez ce qui peut y paraître paradoxal. Montrez-en la vérité psychologique profonde en vous reportant aux sentiments que Balzac lui prête à l'égard de sa fille, dans le portrait qu'il fait de lui (p. 37). Cette attitude ne dénote-t-elle pas chez le vieillard une sorte de bonté, que l'avarice a déformée en un certain sens?

ajouta-t-il en se tournant vers son oncle, qui demeurait immobile.

— Les chevaux et la voiture sont inutiles, répondit Grandet
en regardant Charles, qui resta muet et dont les yeux devinrent
795 fixes. — Oui, mon pauvre garçon, tu devines. Il est mort. Mais
ce n'est rien, il y a quelque chose de plus grave, il s'est brûlé
la cervelle...

— Mon père?...

— Oui. Mais ce n'est rien. Les journaux glosent[1] de cela
800 comme s'ils en avaient le droit. Tiens, lis. »

Grandet, qui avait emprunté le journal de Cruchot, mit le
fatal article sous les yeux de Charles. En ce moment, le pauvre
jeune homme, encore enfant, encore dans l'âge où les sentiments
se produisent avec naïveté[2], fondit en larmes.

805 « Allons, bien, se dit Grandet. Ses yeux m'effrayaient. Il
pleure, le voilà sauvé. Ce n'est encore rien, mon pauvre neveu,
reprit Grandet à haute voix, sans savoir si Charles l'écoutait,
ce n'est rien, tu te consoleras; mais...

— Jamais! jamais! Mon père! mon père!

810 — Il t'a ruiné, tu es sans argent.

— Qu'est-ce que cela me fait? Où est mon père?... mon
père! »

Les pleurs et les sanglots retentissaient entre ces murailles
d'une horrible façon et se répercutaient dans les échos. Les
815 trois femmes, saisies de pitié, pleuraient : les larmes sont aussi
contagieuses que peut l'être le rire. Charles, sans écouter son
oncle, se sauva dans la cour, trouva l'escalier, monta dans sa
chambre et se jeta en travers sur son lit en se mettant la face
dans les draps pour pleurer à son aise loin de ses parents. **(29)**

---

1. *Gloser* : donner des commentaires; 2. D'une façon spontanée, naturelle.

───── **QUESTIONS** ─────

29. Comment se marque l'embarras du père Grandet? Essaie-t-il de
prendre des précautions pour annoncer à Charles la funèbre nouvelle?
Pourquoi lui montrer le *fatal article* (ligne 802)? — Les réactions successives de Charles : une telle sensibilité était-elle prévisible chez lui, si
on se rappelle son éducation et sa façon de vivre? Cherche-t-il à dominer
et à contrôler ses impulsions? — Le malentendu tragique entre l'oncle et
le neveu : Charles est-il sensible au récit des circonstances qui, selon
Grandet, sont les plus graves dans la mort de Guillaume Grandet? —
Le jugement de Grandet sur les effusions de la sensibilité (lignes 805-
806) est-il faux? Dans quelle mesure Balzac laisse-t-il apparaître son
propre jugement (lignes 815-816) sur certaines marques extérieures de
la sensibilité?

LE PÈRE GRANDET, TONNELIER

Illustration de Staal pour l'édition de 1858.

« Charles dormait habillé, assis dans un fauteuil. » (Page 139.)

Illustration de Staal pour l'édition de 1858.

[marginal note: Eug. commence à juger son père.]

820 « Il faut laisser passer la première averse, dit Grandet en
rentrant dans la salle, où Eugénie et sa mère avaient brusquement repris leurs places et travaillaient d'une main tremblante,
après s'être essuyé les yeux. Mais ce jeune homme n'est bon
à rien, il s'occupe plus des morts que de l'argent[1]. »

825 Eugénie frissonna en entendant son père s'exprimant ainsi
sur la plus sainte des douleurs. Dès ce moment, elle commença
à juger son père. Quoique assourdis, les sanglots de Charles
retentissaient dans cette sonore maison; et sa plainte profonde,
qui semblait sortir de dessous terre, ne cessa que vers le soir,
830 après s'être graduellement affaiblie.

« Pauvre jeune homme! » dit madame Grandet.

Fatale exclamation! le père Grandet regarda sa femme,
Eugénie et le sucrier; il se souvint du déjeuner extraordinaire
apprêté pour le parent malheureux, et se posa au milieu de
835 la salle.

« Ah çà! j'espère, dit-il avec son calme habituel, que vous
n'allez pas continuer vos prodigalités, madame Grandet. Je ne
vous donne pas MON argent pour embucquer[2] de sucre ce jeune
drôle.

840 — Ma mère n'y est pour rien, dit Eugénie. C'est moi qui...

— Est-ce parce que tu es majeure, reprit Grandet en interrompant sa fille, que tu voudrais me contrarier? Songe, Eugénie...

— Mon père, le fils de votre frère ne devait pas manquer
chez vous de...

845 — Ta ta ta ta! dit le tonnelier sur quatre tons chromatiques[3],
le fils de votre frère par-ci, mon neveu par-là. Charles ne nous
est de rien[4], il n'a ni sou ni maille[5]; son père a fait faillite;
et, quand ce mirliflore[6] aura pleuré son soûl, il décampera
d'ici; je ne veux pas qu'il révolutionne ma maison. **(30)**

---

1. Cette phrase n'est pas dans l'édition de 1834; **2.** *Embucquer* ou *embecquer* :
au propre, faire manger de force une volaille à engraisser, en lui glissant des aliments
dans le bec; **3.** *Tons chromatiques* : sons séparés par un intervalle d'un demi-ton;
4. N'est pas notre parent; **5.** Il est réduit au dénuement. La *maille*, petite monnaie,
était autrefois la moitié du denier, qui était lui-même la douzième partie d'un sou;
6. *Mirliflore* : voir page 83, note 2.

--------- **QUESTIONS** ---------

30. Le cynisme de Grandet dans son commentaire n'est-il pas un peu
forcé? Quelle attitude veut-il prendre à l'égard des deux femmes? —
Dans le climat de catastrophe qui baigne toute la maison, pourquoi
Grandet garde-t-il son *calme habituel* (ligne 836)? — L'audace d'Eugénie : quel rôle d'héroïne tragique croit-elle jouer? Par quelle attitude
Grandet commence-t-il à briser cette révolte? — Étudiez le style et le
rythme de la réplique de Grandet (lignes 845-849) : le lien logique des idées.

850 — Qu'est-ce que c'est, mon père, que de faire faillite? demanda Eugénie.

— Faire faillite, reprit le père, c'est commettre l'action la plus déshonorante entre toutes celles qui peuvent déshonorer l'homme.

855 — Ce doit être un bien grand péché, dit madame Grandet, et notre frère serait[1] damné.

— Allons, voilà tes litanies, dit-il à sa femme en haussant les épaules. Faire faillite, Eugénie, reprit-il, est un vol que la loi prend malheureusement sous sa protection. Des gens ont
860 donné leurs denrées à Guillaume Grandet, sur sa réputation d'honneur et de probité; puis il a tout pris, et ne leur laisse que les yeux pour pleurer. Le voleur de grands chemins est préférable au banqueroutier : celui-là vous attaque, vous pouvez vous défendre, il risque sa tête; mais l'autre... Enfin Charles
865 est déshonoré. »

Ces mots retentirent dans le cœur de la pauvre fille et y pesèrent de tout leur poids. Probe autant qu'une fleur née au fond d'une forêt est délicate[2], elle ne connaissait ni les maximes du monde, ni ses raisonnements captieux[3], ni ses
870 sophismes[4] : elle accepta donc l'atroce explication que son père lui donnait à dessein de la faillite, sans lui faire connaître la distinction qui existe entre une faillite involontaire et une faillite calculée[5]. **(31)**

« Eh bien, mon père, vous n'avez donc pu empêcher ce
875 malheur?

— Mon frère ne m'a pas consulté; d'ailleurs il doit quatre millions.

---

1. Conditionnel qui a le sens d'une affirmation atténuée; **2.** Parce qu'elle ne supporte pas d'être retirée du sol natal; **3.** *Captieux :* qui cherchent à tromper; **4.** *Sophisme :* faux raisonnement, conçu pour induire en erreur; **5.** L'explication que donne Grandet pousse au tragique la peinture de la situation dans laquelle sont laissés les créanciers et laisse croire que son frère a fraudé intentionnellement, pour se tirer d'affaire aux moindres frais.

═══ QUESTIONS ═══

31. Les questions d'Eugénie donnent-elles des éclaircissements sur l'éducation qu'elle a reçue? Faut-il s'étonner que Grandet n'ait pas initié son *héritière* aux affaires? — Appréciez les explications de Grandet; quel est son dessein en faussant la vérité? Comment la dernière phrase (lignes 864-865) résume-t-elle tous les efforts du vieillard? Est-il bien qualifié pour condamner les opérations frauduleuses dont il parle? — L'état d'esprit d'Eugénie (lignes 866-873) après ces explications : que reste-t-il de sa révolte? — Les interventions de Mme Grandet : quel sentiment s'est transformé chez elle en une sorte d'automatisme?

— Qu'est-ce que c'est donc qu'un million, mon père? demanda-t-elle avec la naïveté d'un enfant qui croit pouvoir trouver promptement ce qu'il désire.

— Un million? dit Grandet. Mais c'est un million de pièces de vingt sous, et il faut cinq pièces de vingt sous pour faire cinq francs.

— Mon Dieu! mon Dieu! s'écria Eugénie, comment mon oncle avait-il eu à lui quatre millions? Y a-t-il quelque autre personne en France qui puisse avoir autant de millions? »

Le père Grandet se caressait le menton, souriait, et sa loupe semblait se dilater.

« Mais que va devenir mon cousin Charles?

— Il va partir pour les grandes Indes[1], où, selon le vœu de son père, il tâchera de faire fortune.

— Mais a-t-il de l'argent pour aller là?

— Je lui payerai son voyage... jusqu'à... oui, jusqu'à Nantes. »

Eugénie sauta d'un bond au cou de son père.

« Ah! mon père, vous êtes bon, vous! »

Elle l'embrassait de manière à rendre presque honteux Grandet, que sa conscience harcelait un peu.

« Faut-il beaucoup de temps pour amasser un million? lui demanda-t-elle.

— Dame, dit le tonnelier, tu sais ce que c'est qu'un napoléon[2]; eh bien, il en faut cinquante mille pour faire un million.

— Maman, nous ferons dire des neuvaines[3] pour lui.

— J'y pensais, répondit la mère.

— C'est cela! toujours dépenser de l'argent, s'écria le père. Ah çà! croyez-vous donc qu'il y ait des mille et des cents ici? »

En ce moment, une plainte sourde, plus lugubre que toutes les autres, retentit dans les greniers et glaça de terreur Eugénie et sa mère.

« Nanon, va voir là-haut s'il ne se tue pas, dit Grandet. Ah çà! reprit-il en se tournant vers sa femme et sa fille, que son mot avait rendues pâles, pas de bêtises, vous deux. Je vous laisse. Je vais tourner autour de nos Hollandais, qui s'en vont

---

1. Depuis l'erreur d'appréciation commise par Christophe Colomb, qui crut arriver aux Indes lorsqu'il aborda sur les côtes voisines de l'Amérique, on distinguait les Indes occidentales (essentiellement les Antilles) des Indes orientales, en Extrême-Orient. Ici, les *grandes Indes* désignent la péninsule indienne, la Birmanie, la Thaïlande et l'Indochine; 2. Le *napoléon* était une pièce d'or de vingt francs, à l'effigie de Napoléon Ier; le terme était resté pour désigner les pièces d'or de vingt francs frappées sous les régimes suivants. Sa valeur est donc égale à celle du louis; 3. *Neuvaine* : prières que l'on dit neuf jours de suite, dans une intention déterminée.

aujourd'hui. Puis j'irai voir Cruchot et causer avec lui de tout ça. » **(32)**

915 Il partit. Quand Grandet eut tiré la porte, Eugénie et sa mère respirèrent à leur aise. Avant cette matinée, jamais la fille n'avait senti de contrainte en présence de son père; mais, depuis quelques heures, elle changeait à tout moment et de sentiments et d'idées.

920 « Maman, combien de louis a-t-on d'une pièce de vin?

— Ton père vend les siennes entre cent et cent cinquante francs, quelquefois deux cents, à ce que j'ai entendu dire.

— Quand il récolte quatorze cents pièces de vin...?

— Ma foi, mon enfant, je ne sais pas ce que cela fait; ton
925 père ne me dit jamais ses affaires.

— Mais alors, papa doit être riche.

— Peut-être. Mais M. Cruchot m'a dit qu'il avait acheté Froidfond il y a deux ans. Ça l'aura gêné. »

Eugénie, ne comprenant plus rien à la fortune de son père,
930 en resta là de ses calculs.

« Il ne m'a tant seulement[1] point vue, le mignon! dit Nanon en revenant. Il est étendu comme un veau sur son lit, et pleure comme une Madeleine, que c'est une vraie bénédiction! Quel chagrin a donc ce pauvre gentil jeune homme?

935 — Allons donc le consoler bien vite, maman; et, si l'on[2] frappe, nous descendrons. »

Madame Grandet fut sans défense contre les harmonies de la voix de sa fille. Eugénie était sublime, elle était femme. Toutes deux, le cœur palpitant, montèrent à la chambre de

---

1. *Tant seulement* : seulement; 2. *On* fait allusion à Grandet.

QUESTIONS

32. Le changement de ton dans le dialogue entre père et fille : comment ses questions prouvent-elles qu'elle est maintenant décidée à accepter la solution proposée par Grandet? En quoi sa naïveté et ses ignorances servent-elles les desseins de l'avare? — La complaisance de Grandet à répondre aux questions de sa fille : quelle est la part de la vanité personnelle et celle de la fierté paternelle? Peut-il penser maintenant qu'Eugénie est une fille digne de lui? Montrez que son triomphe va même au-delà de ses espérances (ligne 895). — Le sentiment religieux d'Eugénie (ligne 902) a-t-il la même source que celle de sa mère? — Comment se termine cette scène, si dramatiquement commencée? Sur quel ton Grandet prononce-t-il la réplique de la ligne 905? — Comparez les dernières paroles de Grandet (lignes 909-914) à son entrée (ligne 820). A quoi voit-on que tout est rentré dans l'ordre?

940 Charles. La porte était ouverte. Le jeune homme ne voyait ni n'entendait rien. Plongé dans les larmes, il poussait des plaintes inarticulées.

« Comme il aime son père! » dit Eugénie à voix basse.

Il était impossible de méconnaître dans l'accent de ces 945 paroles les espérances d'un cœur à son insu passionné. Aussi madame Grandet jeta-t-elle à sa fille un regard empreint de maternité; puis, tout bas à l'oreille :

« Prends garde, tu l'aimerais, dit-elle.

— L'aimer! reprit Eugénie. Ah! si tu savais ce que mon 950 père a dit! » **(33)**

Charles se retourna, aperçut sa tante et sa cousine.

« J'ai perdu mon père, mon pauvre père! S'il m'avait confié le secret de son malheur, nous aurions travaillé tous deux à le réparer. Mon Dieu! mon bon père! je comptais si bien le 955 revoir, que je l'ai, je crois, froidement embrassé... »

Les sanglots lui coupèrent la parole.

« Nous prierons bien pour lui, dit madame Grandet. Résignez-vous à la volonté de Dieu.

— Mon cousin, dit Eugénie, prenez courage! Votre perte 960 est irréparable : ainsi songez maintenant à sauver votre honneur... »

Avec cet instinct, cette finesse de la femme qui a de l'esprit en toute chose, même quand elle console, Eugénie voulait tromper la douleur de son cousin en l'occupant de lui-même.

965 « Mon honneur?... » cria le jeune homme en chassant ses cheveux par un mouvement brusque.

Et il s'assit sur son lit en se croisant les bras.

« Ah! c'est vrai. Mon père, disait mon oncle, a fait faillite. »
Il poussa un cri déchirant et se cacha le visage dans ses mains.

QUESTIONS

33. Le changement d'atmosphère dès que Grandet est sorti; quels sentiments se donnent libre cours? Pourquoi le romancier y associe-t-il Nanon, laissée à l'écart du récit depuis quelque temps? — Eugénie et les questions d'argent : son père n'a-t-il pas involontairement orienté sa curiosité vers ces questions? Si désintéressés que soient ses motifs, manque-t-elle de réalisme dans ses évaluations? Comparez son attitude dans ce domaine à celle de sa mère : d'où viennent les réticences de celle-ci? — Les sentiments d'Eugénie pour Charles : que marque, chez Mme Grandet, l'emploi du conditionnel (ligne 948)? Est-ce le seul exemple d'une telle tournure (voir page 112, ligne 492)? Comparez la réponse faite ici par Eugénie (lignes 949-950) à celle qu'elle a faite (lignes 493-495) à une question presque semblable?

970 « Laissez-moi, ma cousine, laissez-moi! Mon Dieu! mon
Dieu! pardonnez à mon père, il a dû bien souffrir. »

Il y avait quelque chose d'horriblement attachant à voir
l'expression de cette douleur jeune, vraie, sans calcul, sans
arrière-pensée. C'était une pudique douleur que les cœurs
975 simples d'Eugénie et de sa mère comprirent quand Charles
fit un geste pour leur demander de l'abandonner à lui-même.
Elles descendirent, reprirent en silence leurs places près de la
croisée, et travaillèrent pendant une heure environ sans se dire
mot. Eugénie avait aperçu, par le regard furtif qu'elle jeta sur
980 le ménage[1] du jeune homme, ce regard des jeunes filles qui
voient tout en un clin d'œil, les jolies bagatelles de sa toilette,
ses ciseaux, ses rasoirs enrichis d'or. Cette échappée d'un luxe
vu à travers la douleur lui rendit Charles encore plus intéressant, par contraste peut-être. Jamais un événement si grave,
985 jamais un spectacle si dramatique n'avait frappé l'imagination
de ces deux créatures, incessamment plongées dans le calme
et la solitude.

« Maman, dit Eugénie, nous porterons le deuil de mon oncle.

— Ton père décidera de cela », répondit madame Grandet.
990 Elles restèrent de nouveau silencieuses. Eugénie tirait ses
points avec une régularité de mouvement qui eût dévoilé à un
observateur les fécondes pensées de sa méditation. Le premier
désir de cette adorable fille était de partager le deuil de son
cousin. (34)

---

1. *Ménage* : ensemble des objets que Charles a apportés.

─────── QUESTIONS ───────

34. Le caractère pathétique de la douleur de Charles : le romantisme
de ce passage; commentez l'expression *quelque chose d'horriblement attachant* (ligne 972). — La sensibilité moderne est-elle en accord ici avec
le goût de Balzac? — Les consolations de Mme Grandet et même celles
d'Eugénie sont-elles tout à fait à l'unisson d'une telle douleur? — L'importance des objets pour fixer les sentiments : comparez le coup d'œil
lancé par Eugénie sur les objets personnels de Charles ou le regard jeté
par Charles sur le jardin (page 122, lignes 776-783); ressemblances et
différences. — Pour quelle raison l'auteur semble-t-il s'excuser de la forte
impression que fait le désespoir du jeune homme sur sa tante et sur sa
cousine? — Pourquoi *porter le deuil* (ligne 988) est-il pour Eugénie la
meilleure façon d'exprimer sa sympathie pour Charles? Quelle signification donne-t-elle à cette décision, qui pourrait, en d'autres cas, n'être
qu'un respect extérieur des convenances?

995 Vers quatre heures, un coup de marteau brusque retentit au cœur de madame Grandet.

« Qu'a donc ton père? » dit-elle à sa fille.

Le vigneron entra joyeux. Après avoir ôté ses gants, il se frotta les mains à s'en emporter la peau, si l'épiderme n'en 1000 eût pas été tanné comme du cuir de Russie, sauf l'odeur des mélèzes et de l'encens. Il se promenait, il regardait le temps. Enfin son secret lui échappa.

« Ma femme, dit-il, sans bégayer, je les ai tous attrapés. Notre vin est vendu! Les Hollandais et les Belges partaient 1005 ce matin, je me suis promené sur la place, devant leur auberge, en ayant l'air de bêtiser[1]. Chose, que tu connais, est venu à moi. Les propriétaires de tous les bons vignobles gardent leur récolte et veulent attendre, je ne les en ai pas empêchés. Notre Belge était désespéré. J'ai vu cela. Affaire faite, il prend notre 1010 récolte à deux cents francs la pièce[2], moitié comptant. Je suis payé en or. Les billets[3] sont faits, voilà six louis pour toi. Dans trois mois les vins baisseront. »

Ces derniers mots furent prononcés d'un ton calme, mais si profondément ironique que les gens de Saumur, groupés en 1015 ce moment sur la place et anéantis par la nouvelle de la vente que venait de faire Grandet, en auraient frémi s'ils les eussent entendus. Une peur panique eût fait tomber les vins de cinquante pour cent.

« Vous avez mille pièces cette année, mon père? dit Eugénie.

1020 — Oui, *fifille*. »

Ce mot était l'expression superlative de la joie du vieux tonnelier.

« Cela fait deux cent mille pièces de vingt sous?

— Oui, mademoiselle Grandet.

1025 — Eh bien, mon père, vous pouvez facilement secourir Charles. »

L'étonnement, la colère, la stupéfaction de Balthazar[4] en

---

1. *Bêtiser* : s'occuper de niaiseries; 2. Une *pièce* est un fût de 225 litres : unité très employée dans le commerce des vins; 3. *Billet* : voir page 121, note 3; 4. *Bathalzar*, roi de Babylone, ayant profané dans un festin les vases sacrés du temple de Jérusalem, vit, selon la Bible, apparaître une main mystérieuse qui traça des lettres de feu sur la muraille; ces mots, interprétés par le prophète Daniel, annonçaient ainsi la perte de Balthazar : *Manè* : Dieu a compté les jours de ton règne, et il en a marqué la fin; *Thècel* : tu as été mis dans la balance, et tu as été trouvé trop léger; *Pharès* : ton royaume sera partagé.

apercevant le *Manè, thècel, pharès* ne sauraient se comparer au froid courroux de Grandet, qui, ne pensant plus à son 1030 neveu, le retrouvait logé au cœur et dans les calculs de sa fille. (35)

« Ah çà! depuis que ce mirliflore[1] a mis le pied dans *ma* maison, tout y va de travers. Vous vous donnez des airs d'acheter des dragées, de faire des noces et des festins. Je ne veux pas 1035 de ces choses-là. Je sais, à mon âge, comment je dois me conduire, peut-être! D'ailleurs je n'ai pas de leçons à prendre ni de ma fille ni de personne. Je ferai pour mon neveu ce qu'il sera convenable de faire, vous n'avez pas à y fourrer le nez. — Quant à toi, Eugénie, ajouta-t-il en se tournant vers elle, ne m'en 1040 parle plus, sinon je t'envoie à l'abbaye de Noyers, avec Nanon, voir si j'y suis; et pas plus tard que demain, si tu bronches. Où est-il donc, ce garçon? est-il descendu?

— Non, mon ami, répondit madame Grandet.

— Eh bien, que fait-il donc?

1045 — Il pleure son père », répondit Eugénie.

Grandet regarda sa fille sans trouver un mot à dire. Il était un peu père, lui (36). Après avoir fait un ou deux tours dans la salle, il monta promptement à son cabinet pour y méditer

---

1. *Mirliflore* : voir page 83, note 2.

QUESTIONS

35. La chronologie de cette journée. Ne revient-on pas à une situation symétrique à celle du matin? Le contraste entre l'attitude de Grandet et le climat de la maison. — Avons-nous déjà eu des exemples des méthodes de travail de Grandet? Comparez le marché qu'il vient de traiter à la conversation qu'il tenait avant l'arrivée de Charles (page 61); montrez que la variante reproduite en note page 59 est plus conforme au passage que nous avons ici que la rédaction définitive. — Qu'espère Grandet en entendant les questions de sa fille? Soulignez, par contraste, sa colère et sa déception devant les conclusions qu'elle tire? Mettez en relief l'importance de la distinction *au cœur et dans les calculs de sa fille* (ligne 1030) : qu'est-ce qui chagrine le plus son père? — Ce coup de théâtre était-il attendu pour le lecteur?

36. Grandet se laisse-t-il emporter par la colère ou réussit-il à se contenir? Que révèle la vulgarité de son langage, encore plus accentuée ici que de coutume? — A quoi voit-on que Grandet commence à se rendre compte que sa fille le juge (voir page 126, lignes 843-844)? Relevez les termes qui trahissent une certaine gêne morale chez lui. — La réponse d'Eugénie (lignes 1025-1026) : la réaction de Grandet ne paraît-elle pas surprenante? L'amour paternel en est-il la seule explication?

un placement dans les fonds publics. Ses deux mille arpents
1050 de forêt coupés à blanc lui avaient donné six cent mille francs;
en joignant à cette somme l'argent de ses peupliers, ses revenus
de l'année dernière et de l'année courante, outre les deux cent
mille francs du marché qu'il venait de conclure, il pouvait
faire une masse de neuf cent mille francs. Les vingt pour cent
1055 à gagner en peu de temps sur les rentes[1], qui étaient à soixante
et dix francs, le tentaient. Il chiffra sa spéculation sur le journal
où la mort de son frère était annoncée, en entendant, sans les
écouter, les gémissements de son neveu. Nanon vint cogner
au mur pour inviter son maître à descendre, le dîner était
1060 servi. Sous la voûte et à la dernière marche de l'escalier, Grandet
disait en lui-même :

« Puisque je toucherai mes intérêts à huit, je ferai cette
affaire. En deux ans, j'aurai quinze cent mille francs, que je
retirerai de Paris en bon or. Eh bien, où donc est mon
neveu?

1065 — Il dit qu'il ne veut pas manger, répondit Nanon. Ça
n'est pas sain.

— Autant d'économisé, lui répliqua son maître.

— Dame, *voui*, dit-elle.

— Bah! il ne pleurera pas toujours. La faim chasse le loup
1070 hors du bois. » (37)

Le dîner fut étrangement silencieux.

« Mon bon ami, dit madame Grandet, lorsque la nappe
fut ôtée, il faut que nous prenions le deuil.

— En vérité, madame Grandet, vous ne savez quoi inventer

---

1. *En peu de temps*, parce que les rentes vont monter (voir page 109, note 1).

QUESTIONS

37. Le cabinet de Grandet : que savons-nous de cette pièce (voir chapitre II, page 90, lignes 559-582)? Pourquoi Balzac ne le décrit-il pas en y faisant pénétrer le lecteur pour la première fois? — Les calculs de Grandet : quelles raisons l'ont déterminé à vendre son vin avant d'envisager la spéculation sur les rentes? Quelle importance prend après coup la conversation avec Cruchot à ce sujet (ligne 380)? — Relevez les détails qui mettent en relief l'intensité de la méditation chez Grandet. Le drame causé par la mort de Guillaume et la présence de Charles sont-ils toutefois complètement absents à ce moment de l'esprit de Grandet? En quoi les circonstances actuelles rendent-elles plus acharnée encore sa passion de s'enrichir? Relevez, dans les gestes de Grandet et dans ses paroles, les signes qui trahissent ce sentiment peut-être inconscient.

1075 pour dépenser de l'argent. Le deuil est dans le cœur et non dans les habits.

— Mais le deuil d'un frère est indispensable, et l'Église nous ordonne de...

— Achetez votre deuil sur vos six louis. Vous me donnerez 1080 un crêpe, cela me suffira. »

Eugénie leva les yeux au ciel sans mot dire. Pour la première fois dans sa vie, ses généreux penchants endormis, comprimés, mais subitement éveillés, étaient à tout moment froissés. Cette soirée fut semblable en apparence à mille soirées de leur exis-1085 tence monotone, mais ce fut certes la plus horrible. Eugénie travailla sans lever la tête, et ne se servit point du nécessaire que Charles avait dédaigné la veille. Madame Grandet tricota ses manches. Grandet tourna ses pouces pendant quatre heures, abîmé dans des calculs dont les résultats devaient, le lendemain, 1090 étonner Saumur. **(38)**

Personne ne vint ce jour-là visiter la famille. En ce moment, la ville entière retentissait du tour de force de Grandet, de la faillite de son frère et de l'arrivée de son neveu. Pour obéir au besoin de bavarder sur leurs intérêts communs, tous les pro-1095 priétaires de vignobles des hautes et moyennes sociétés de Saumur étaient chez M. Des Grassins, où se fulminèrent de terribles imprécations contre l'ancien maire.

Nanon filait, et le bruit de son rouet fut là seule voix[1] qui se fît entendre sous les planchers[2] grisâtres de la salle.

1100 « Nous n'usons point nos langues, dit-elle en montrant ses dents blanches et grosses comme des amandes pelées.

— Ne faut rien user », répondit Grandet en se réveillant de ses méditations.

---

1. *Voix* : bruit. Dans ce sens, *voix* s'emploie plus souvent dans le style poétique que dans le style familier; **2.** *Plancher* désigne parfois la partie supérieure d'une salle, puisque cette paroi était souvent à l'origine faite de planches de bois.

■ **QUESTIONS** ──────────────────────

38. Expliquez ce que recouvre le silence de ce dîner pour chaque personnage. — Quels sentiments poussent Mme Grandet à parler la première de prendre le deuil (ligne 1074) : a-t-il tort dans l'absolu? Quelle ironie prend cependant cette leçon dans sa bouche? Sa décision (lignes 1079-1080) n'apparaît-elle pas comme un trait un peu forcé? Montrez que les circonstances justifient cette attitude. — En quoi l'aspect habituel de cette soirée en accentue-t-il le caractère *horrible* (ligne 1085)?

Il se voyait en perspective huit millions dans trois ans, et
1105 voguait sur cette longue nappe d'or. **(39)**

« Couchons-nous. J'irai dire bonsoir à mon neveu pour tout
le monde, et voir s'il veut prendre quelque chose. »

Madame Grandet resta sur le palier du premier étage pour
entendre la conversation qui allait avoir lieu entre Charles
1110 et le bonhomme. Eugénie, plus hardie que sa mère, monta
deux marches.

« Eh bien, mon neveu, vous avez du chagrin? Oui, pleurez,
c'est naturel. Un père est un père. Mais faut prendre notre
mal en patience. Je m'occupe de vous pendant que vous pleurez.
1115 Je suis un bon parent, voyez-vous. Allons, du courage. Voulez-
vous boire un petit verre de vin? »

Le vin ne coûte rien à Saumur; on y offre du vin comme
dans les Indes une tasse de thé.

« Mais, dit Grandet en continuant, vous êtes sans lumière.
1120 Mauvais! mauvais! faut voir clair à ce que l'on fait. »

Grandet marcha vers la cheminée.

« Tiens! s'écria-t-il, voilà de la bougie. Où diable a-t-on
pêché de la bougie? Les garces[1] démoliraient le plancher de
ma maison pour cuire des œufs à ce garçon-là. »

1125 En entendant ces mots, la mère et la fille rentrèrent dans
leurs chambres et se fourrèrent dans leurs lits avec la célérité
de souris effrayées qui rentrent dans leurs trous. **(40)**

---

1. Ce terme n'avait pas encore une signification aussi péjorative qu'aujourd'hui.

--- **QUESTIONS** ---

39. Pourquoi cette récapitulation des événements du jour vus par
l'extérieur? Quel est le rôle de Des Grassins? Soulignez le contraste, en
même temps que le déséquilibre, entre l'attitude des Saumurois et le
rêve de Grandet. En quoi les chiffres et les mots choisis accentuent-ils
la splendeur de la vision qui berce le vigneron? — Relevez dans ce passage
une expression particulièrement heureuse caractérisant Nanon.

40. Quels sont les différents motifs qui peuvent pousser Grandet à
aller voir Charles? Les deux femmes sont-elles dupes? — Le ton paterne
et bienveillant de Grandet est-il pure hypocrisie? D'où vient son manque
d'assurance? Quelle est la chose essentielle qu'il tente de glisser dans ses
propos? — L'incident de la bougie : recherchez dans le chapitre II le
passage où Balzac a préparé, et pour ainsi dire mis en réserve, cet épisode; est-il vraisemblable que Grandet remarque maintenant ce qu'il
n'avait pas vu la veille au soir? — La curiosité des deux femmes et leur
fuite précipitée : le romancier les prend-il ici en pitié? Quelle image
utilisée par Grandet (page 119, lignes 694-695) revient ici en mémoire?

« Madame Grandet, vous avez donc un trésor? dit l'homme en entrant dans la chambre de sa femme.

1130 — Mon ami, je fais mes prières, attendez, répondit d'une voix altérée la pauvre mère.

— Que le diable emporte ton bon Dieu! » répliqua Grandet en grommelant.

Les avares ne croient point à une vie à venir, le présent est
1135 tout pour eux. Cette réflexion jette une horrible clarté sur l'époque actuelle, où, plus qu'en aucun autre temps, l'argent domine les lois, la politique et les mœurs. Institutions, livres, hommes et doctrines, tout conspire à miner la croyance d'une vie future, sur laquelle l'édifice social est appuyé depuis dix-
1140 huit cents ans. Maintenant le cercueil est une transition peu redoutée. L'avenir, qui nous attendait par delà le *Requiem*[1], a été transporté dans le présent. Arriver *per fas et nefas*[2] au paradis terrestre du luxe et des jouissances vaniteuses, pétrifier son cœur et se macérer[3] le corps en vue de possessions passa-
1145 gères, comme on souffrait jadis le martyre de la vie en vue de biens éternels, est la pensée générale! pensée d'ailleurs écrite partout, jusque dans les lois, qui demandent au législateur : « Que payes-tu? » au lieu de lui dire : « Que penses-tu? » Quand cette doctrine aura passé de la bourgeoisie au peuple,
1150 que deviendra le pays? **(41)**

« Madame Grandet, as-tu fini? dit le vieux tonnelier.

— Mon ami, je prie pour toi.

— Très bien! bonsoir. Demain matin nous causerons. »

La pauvre femme s'endormit comme l'écolier qui, n'ayant
1155 pas appris ses leçons, craint de trouver à son réveil le visage irrité du maître. Au moment où, par frayeur, elle se roulait dans les draps pour ne rien entendre, Eugénie se coula près d'elle, en chemise, pieds nus, et vint la baiser au front.

« Oh! bonne mère, dit-elle, demain, je lui dirai que c'est moi.

---

1. *Requiem* : premier mot de la prière que l'Église consacre aux morts; 2. *Per fas et nefas* : « par le juste et l'injuste », c'est-à-dire par tous les moyens; 3. *Se macérer* : se soumettre à des mortifications par esprit de pénitence.

─────── **QUESTIONS** ───────

41. Par quel procédé le romancier exprime-t-il la rapidité avec laquelle Grandet réagit en découvrant la bougie (lignes 1128-1129)? Le vieillard ne pouvait-il d'abord prendre le temps de terminer son entretien avec son neveu? — L'avarice face à la piété : avait-on déjà eu l'occasion de constater le dédain de Grandet pour la religion? Pourquoi l'auteur a-t-i inséré ici (lignes 1134-1150) des considérations générales sur l'argent et le sens religieux?

1160 — Non, il t'enverrait à Noyers. Laisse-moi faire, il ne me mangera pas.

— Entends-tu, maman?

— Quoi?

— Eh bien, *il* pleure toujours.

1165 — Va donc te coucher, ma fille. Tu gagneras froid aux pieds : le carreau est humide. »

Ainsi se passa la journée solennelle qui devait peser sur toute la vie de la riche et pauvre héritière, dont le sommeil ne fut plus aussi complet ni aussi pur qu'il l'avait été jus-1170 qu'alors. **(42)**

Assez souvent certaines actions de la vie humaine paraissent, littérairement parlant, invraisemblables, quoique vraies. Mais ne serait-ce pas qu'on omet presque toujours de répandre sur nos déterminations spontanées une sorte de lumière psycho-1175 logique, en n'expliquant pas les raisons mystérieusement conçues qui les ont nécessitées? Peut-être la profonde passion d'Eugénie devrait-elle être analysée dans ses fibrilles[1] les plus délicates; car elle devint, diraient quelques railleurs, une maladie, et influença toute son existence. Beaucoup de gens aiment mieux 1180 nier les dénouements que de mesurer la force des liens, des nœuds, des attaches qui soudent secrètement un fait à un autre

---

1. *Fibrille :* ramification.

━━━ QUESTIONS ━━━

42. Le dernier épisode de la journée : montrez qu'il laisse de chaque personnage une image significative, qui fixe son caractère dominant. — Quelle idée fondamentale de *la Comédie humaine* se trouve développée ici? Balzac constate l'affaiblissement du sentiment religieux chez les avares; montrez que l'explication psychologique s'élargit bientôt pour s'étendre à une large théorie sociale. — Grandet renonce deux fois à demander des explications à sa femme : est-ce respect, ou du moins crainte vague de ce que représente la religion? — La prière est-elle une source de force morale pour Mme Grandet? Montrez que sa réaction est celle d'un caractère faible. — La dernière conversation de la mère et de la fille (lignes 1159-1166) : comment résume-t-elle toute la situation des deux femmes dans la situation présente? A quels mobiles obéit Mme Grandet lorsqu'elle propose à sa fille de prendre à la fois l'initiative et la responsabilité d'affronter seule le père Grandet (lignes 1160-1161)? Comment peut-on concilier cet héroïsme, apparent du moins, avec son attitude en face de son mari un peu plus haut (lignes 1130-1131)? Sur quoi compte-t-elle sans se l'avouer pour arranger les choses? En quoi est-elle naïve et faible ici encore? — Montrez à la fois la vérité psychologique (refus d'aborder le sujet proposé) et le réalisme de la dernière remarque faite par Mme Grandet (lignes 1165-1166).

dans l'ordre moral. Ici donc, le passé d'Eugénie servira, pour les observateurs de la nature humaine, de garantie à la naïveté de son irréflexion et à la soudaineté des effusions de son âme.

1185 Plus sa vie avait été tranquille, plus vivement la pitié féminine, le plus ingénieux des sentiments, se déploya dans son âme **(43)**. Aussi, troublée par les événements de la journée, s'éveilla-t-elle à plusieurs reprises pour écouter son cousin, croyant en avoir entendu les soupirs qui depuis la veille lui retentissaient au

1190 cœur : tantôt elle le voyait expirant de chagrin, tantôt elle le rêvait mourant de faim. Vers le matin, elle entendit certainement[1] une terrible exclamation. Aussitôt elle se vêtit, et accourut au petit jour, d'un pied léger, auprès de son cousin, qui avait laissé sa porte ouverte. La bougie avait brûlé dans la bobèche[2]

1195 du flambeau. Charles, vaincu par la nature, dormait habillé, assis dans un fauteuil, la tête renversée sur le lit; il rêvait comme rêvent les gens qui ont l'estomac vide. Eugénie put pleurer à son aise, elle put admirer ce jeune et beau visage, marbré[3] par la douleur, ces yeux gonflés par les larmes et qui, tout endormis,

1200 semblaient encore verser des pleurs. Charles devina sympathiquement[4] la présence d'Eugénie, il ouvrit les yeux, et la vit attendrie.

« Pardon, ma cousine, dit-il, ne sachant évidemment ni l'heure qu'il était, ni le lieu où il se trouvait.

1205 — Il y a des cœurs qui vous entendent ici, mon cousin, et *nous* avons cru que vous aviez besoin de quelque chose. Vous devriez vous coucher, vous vous fatiguez en restant ainsi.

— Cela est vrai.

— Eh bien, adieu. »

1210 Elle se sauva, honteuse et heureuse d'être venue. L'innocence ose seule de telles hardiesses. Instruite, la vertu calcule aussi bien que le vice. Eugénie, qui auprès de son cousin n'avait pas tremblé, put à peine se tenir sur ses jambes quand elle

---

1. *Certainement :* avec une netteté dont l'évidence ne laisse pas de place au doute; **2.** *Bobèche :* voir page 45, note 5; **3.** *Marbré :* marqué de taches et de veines semblables à celles du marbre; **4.** *Sympathiquement :* par une sorte de communication causée par une communion de deux âmes dans un même sentiment.

——— QUESTIONS ———

43. L'importance de cette digression pour les théories littéraires de Balzac : la notion de *vérité* romanesque; le déterminisme moral. — Pourquoi avoir placé ce développement à cet endroit? Était-il nécessaire de justifier le personnage d'Eugénie?

fut dans sa chambre. Son ignorante vie avait cessé tout à coup,
1215 elle raisonna, se fit mille reproches. « Quelle idée va-t-il prendre
de moi ? Il croira que je l'aime. » C'était précisément ce qu'elle
désirait le plus de lui voir croire. L'amour franc a sa prescience
et sait que l'amour excite l'amour. Quel événement pour cette
jeune fille solitaire, d'être ainsi entrée furtivement chez un
1220 jeune homme ! N'y a-t-il pas des pensées, des actions, qui,
en amour, équivalent, pour certaines âmes, à de saintes
fiançailles ! **(44)**

Une heure après, elle entra chez sa mère, et l'habilla suivant
son habitude. Puis elles vinrent s'asseoir à leurs places devant
1225 la fenêtre, et attendirent Grandet avec cette anxiété qui glace
le cœur ou l'échauffe, le serre ou le dilate, suivant les caractères, alors que l'on redoute une scène, une punition ; sentiment
d'ailleurs si naturel que les animaux domestiques l'éprouvent
au point de crier pour le faible mal d'une correction, eux qui
1230 se taisent quand ils se blessent par inadvertance. Le bonhomme
descendit, mais il parla d'un air distrait à sa femme, embrassa
Eugénie, et se mit à table sans paraître penser à ses menaces
de la veille.

« Que devient mon neveu ? L'enfant n'est pas gênant.
1235 — Monsieur, il dort, répondit Nanon.
— Tant mieux, il n'a pas besoin de bougie », dit Grandet
d'un ton goguenard.

Cette clémence insolite, cette amère gaieté frappèrent madame
Grandet, qui regarda son mari fort attentivement. Le bon-
1240 homme... (ici peut-être est-il convenable de faire observer
qu'en Touraine, en Anjou, en Poitou, dans la Bretagne, le
mot *bonhomme*, déjà souvent employé pour désigner Grandet,
est décerné aux hommes les plus cruels comme aux plus
bonasses[1], aussitôt qu'ils sont arrivés à un certain âge ; ce titre

---

1. *Bonasse* : d'une bonté sans malice.

QUESTIONS

44. Dans quelle situation romanesque Balzac place-t-il Eugénie ? Cette
démarche est-elle inattendue ? Comment a-t-elle été préparée ? — Le rôle
de l'imagination dans les sentiments d'Eugénie : la réalité est-elle aussi
pathétique qu'elle le croit ? Relevez les termes par lesquels Balzac exprime
discrètement ce contraste entre le rêve et la réalité. — Que traduit le
nous souligné par Balzac (ligne 1206) ? Expliquez pourquoi Eugénie est
honteuse et heureuse de sa démarche (ligne 1210). — Balzac juge de son
personnage (lignes 1216-1222) : réalisme et idéalisme moral dans ce
passage.

1245 ne préjuge rien sur la mansuétude individuelle) le bonhomme
donc prit son chapeau, ses gants, et dit :
« Je vais muser[1] sur la place pour rencontrer nos Cruchot.
— Eugénie, ton père a décidément quelque chose[2]. » **(45)**
En effet, peu dormeur, Grandet employait la moitié de ses
1250 nuits aux calculs préliminaires qui donnaient à ses vues, à ses
observations, à ses plans, leur étonnante justesse et leur assu-
raient cette constante réussite de laquelle s'émerveillaient les
Saumurois. Tout pouvoir humain est un composé de patience
et de temps. Les gens puissants veulent et veillent. La vie de
1255 l'avare est un constant exercice de la puissance humaine mise
au service de la personnalité. Il ne s'appuie que sur deux sentiments : l'amour-propre et l'intérêt; mais l'intérêt étant en
quelque sorte l'amour-propre solide et bien entendu, l'attes-
tation continue d'une supériorité réelle, l'amour-propre et
1260 l'intérêt sont deux parties d'un même tout, l'égoïsme. De là
vient peut-être la prodigieuse curiosité qu'excitent les avares
habilement mis en scène. Chacun tient par un fil à ces personnages qui s'attaquent[3] à tous les sentiments humains, en les
résumant tous. Où est l'homme sans désir, et quel désir social[4]
1265 se résoudra sans argent?
Grandet avait bien réellement quelque chose, suivant l'expression de sa femme. Il se rencontrait en lui, comme chez tous les
avares, un persistant besoin de jouer une partie avec les autres

---

1. *Muser* : flâner; 2. Il est préoccupé par un projet important; 3. *S'attaquer à* : posséder, à des degrés divers; 4. *Social* : lié à la vie en société.

━━━ QUESTIONS ━━━━━━━━━━━━━━━━━━━━━━

45. La continuité dans le déroulement du temps : comment les événements de la journée précédente et de la nuit pèsent-ils sur le jour qui
commence? Comparez l'état d'esprit d'Eugénie à ce qu'il était la veille
à la même heure. — Le caractère physiologique de la peur éprouvée
par les deux femmes. — Est-ce la scène attendue qui se produit au retour
de Grandet? Par quel mot l'avare laisse-t-il entendre cependant qu'il
n'a pas oublié ses griefs? Pourquoi ce rappel? — L'opportunité de la
longue parenthèse sur le mot *bonhomme* : qu'en conclure sur la technique
de Balzac? — Les deux dernières répliques (lignes 1247-1248) : quand
on se rappelle les événements de la veille à la même heure, que suggère
la décision de Grandet? Est-il étonnant qu'il ne donne pas plus de précisions? A quel sujet Mme Grandet pense-t-elle que son mari veut rencontrer le notaire?

hommes, de leur gagner légalement leurs écus. Imposer[1] autrui,
n'est-ce pas faire acte de pouvoir, se donner perpétuellement
le droit de mépriser ceux qui, trop faibles, se laissent ici-bas
dévorer? Oh! qui a bien compris l'agneau paisiblement couché
aux pieds de Dieu, le plus touchant emblème de toutes les
victimes terrestres, celui de leur avenir, enfin la souffrance et
la faiblesse glorifiées? Cet agneau, l'avare le laisse s'engraisser,
il le parque, le tue, le cuit, le mange et le méprise. La pâture
des avares se compose d'argent et de dédain. **(46)**

Pendant la nuit, les idées du bonhomme avaient pris un
autre cours : de là sa clémence. Il avait ourdi une trame[2]
pour se moquer des Parisiens, pour les tordre, les rouler, les
pétrir, les faire aller, venir, suer, espérer, pâlir; pour s'amuser
d'eux, lui, ancien tonnelier, au fond de sa salle grise, en montant l'escalier vermoulu de sa maison de Saumur. Son neveu
l'avait occupé. Il voulait sauver l'honneur de son frère mort
sans qu'il en coûtât un sou ni à son neveu ni à lui. Ses fonds
allaient être placés pour trois ans, il n'avait plus qu'à gérer
ses biens; il fallait donc un aliment à son activité malicieuse[3],
et il l'avait trouvé dans la faillite de son frère. Ne se sentant
rien entre les pattes à pressurer, il voulait concasser les Parisiens au profit de Charles, et se montrer excellent frère à bon
marché. L'honneur de la famille entrait pour si peu de chose
dans son projet que sa bonne volonté doit être comparée au
besoin qu'éprouvent les joueurs de voir bien jouer une partie
dans laquelle ils n'ont pas d'enjeu. Et les Cruchot lui étaient
nécessaires, et il ne voulait pas les aller chercher, et il avait

---

1. *Imposer* : lever un impôt sur...; **2.** *Ourdir :* arranger les fils de la chaîne pour
faire un tissu; la *trame* est le fil conduit par la navette entre les fils nommés « chaîne »
pour faire un tissu. L'expression, au sens figuré, signifie « préparer une ruse ou un
complot »; **3.** *Malicieux :* composé de ruse et de désir de nuire.

─────── **QUESTIONS** ───────

46. Dans quelle mesure les considérations générales de Balzac sur l'avarice ont-elles une valeur universelle? Dans quelle mesure sont-elles déter-
minées par les particularités que le romancier veut attribuer au personnage de Grandet? — Le thème de la puissance se retrouve-t-il souvent
dans la conception balzacienne de l'univers humain? — L'image de
l'agneau de Dieu (lignes 1272-1276); appréciez-en la portée et le goût.

décidé de les faire arriver chez lui, et d'y commencer ce soir même la comédie dont le plan venait d'être conçu, afin d'être, le lendemain, sans qu'il lui en coutât un denier, l'objet de l'admiration de sa ville. **(47) (48)**

——————— ■ **QUESTIONS** ———————

47. Les différents sentiments qui déterminent Grandet : quelles sont, sur le plan psychologique, moral, social, les raisons qui expliquent sa décision? N'est-il pas paradoxal qu'un homme aussi prudent et méfiant se risque dans une opération aussi aléatoire? Montrez que Balzac justifie d'une manière irréfutable l'évolution de son personnage.

48. Sur l'ensemble du chapitre III. — Résumez les principaux événements de ce chapitre. Comment s'enchaînent-ils? Y a-t-il progression continue? Peut-on découvrir ici des paliers plus ou moins longs où l'intérêt ne progresse pas?

— Faites le portrait des personnages à la fin du chapitre, en soulignant, le cas échéant, leur évolution et en mettant en évidence la cause de ce changement; leur situation réciproque.

— Le ton dominant; quel rôle joue l'amour? Quelles conséquences a-t-il pour l'atmosphère générale?

— Quelle place occupent ici les descriptions? Pourquoi? Importance et utilité des réflexions qui coupent le récit; leur place dans l'ensemble de l'action.

DOCUMENTATION THÉMATIQUE

réunie par la rédaction des Nouveaux Classiques Larousse

Eugénie Grandet dans la Comédie humaine.

1. Situation du problème.
2. La mort d'une mère.
3. La lutte du père et de la fille :

    3.1. *La Recherche de l'absolu.*

    3.2. *La Vendetta.*

EUGÉNIE GRANDET
DANS LA COMÉDIE HUMAINE.

1. SITUATION DU PROBLÈME.

Dans *Balzac et « la Recherche de l'absolu »*, M. Fargeaud écrit :

> De tous les romans antérieurs à *la Recherche de l'absolu*, il est bien évident que celui dont l'influence marqua le plus profondément l'œuvre nouvelle fut *Eugénie Grandet*. L'obsédant désir d'écrire « quelque chose dans le genre d'*Eugénie Grandet* », afin, pensait l'auteur, de remporter un succès financier comparable, devait nécessairement entraîner des ressemblances notables entre ces deux études de mœurs.

Elle cite M. Bardèche qui voit dans les deux romans deux œuvres parallèles, bâties sur un contraste : « dans un cas l'idée fixe édifie une immense fortune, dans l'autre cas, elle la détruit ».

> Si les dénouements sont opposés, c'est toujours la même autocratie implacable du père, le même isolement social, la même tonalité imposée à la vie de toute une famille par la passion du père, la même opposition brutale du père aux enfants, dans les deux cas entre le père et la fille, dans les deux cas au même endroit du roman, et finalement l'idée fixe crée le même vide, la même désolation, la même existence désertique.

Nous allons donner deux exemples permettant de suivre le parallèle possible entre les deux œuvres (auxquelles nous joindrons un texte antérieur : *la Vendetta* publiée en 1830) et de l'examiner d'un œil critique : la mort d'une mère et l'antagonisme du père et de la fille.

2. LA MORT D'UNE MÈRE.

On comparera au passage consacré à la mort de Mme Grandet le passage suivant de *la Recherche de l'absolu*.

> Vers la fin du mois de février, Pierquin le notaire porta le coup qui devait précipiter dans la tombe une femme angélique dont l'âme, disait l'abbé de Solis, était presque sans péché. « Madame, lui dit-il à l'oreille en saisissant un moment où ses filles ne pouvaient pas entendre leur conversation, M. Claës m'a chargé d'emprunter trois cent mille francs sur ses propriétés, prenez des précautions pour la fortune de vos enfants. » Mme Claës joignit les mains, leva les yeux au plafond, et remercia le notaire par une inclination de tête bienveillante et par un sourire triste dont il fut ému. Cette phrase fut un coup

de poignard qui tua Pépita. Dans cette journée elle s'était livrée à des réflexions tristes qui lui avaient gonflé le cœur, et se trouvait dans une de ces situations où le voyageur, n'ayant plus son équilibre, roule poussé par un léger caillou jusqu'au fond du précipice qu'il a longtemps et courageusement côtoyé. Quand le notaire fut parti, Mme Claës se fit donner par Marguerite tout ce qui lui était nécessaire pour écrire, rassembla ses forces et s'occupa pendant quelques instants d'un écrit testamentaire. Elle s'arrêta plusieurs fois pour contempler sa fille. L'heure des aveux était venue. En conduisant la maison depuis la maladie de sa mère, Marguerite avait si bien réalisé les espérances de la mourante que Mme Claës jeta sur l'avenir de sa fille un coup d'œil sans désespoir, en se voyant revivre dans cet ange aimant et fort. Sans doute ces deux femmes pressentaient de mutuelles et tristes confidences à se faire, la fille regardait sa mère aussitôt que sa mère la regardait, et toutes deux roulaient des larmes dans leurs yeux. Plusieurs fois, Marguerite, au moment où Mme Claës se reposait, disait : « Ma mère ? » comme pour parler ; puis, elle s'arrêtait, comme suffoquée, sans que sa mère trop occupée par ses dernières pensées lui demandât compte de cette interrogation. Enfin, Mme Claës voulut cacheter sa lettre ; Marguerite, qui lui tenait une bougie, se retira par discrétion pour ne pas voir la suscription.

« Tu peux lire, mon enfant ! » lui dit sa mère d'un ton déchirant.

Marguerite vit sa mère traçant ses mots : *A ma fille Marguerite.*

« Nous causerons quand je me serai reposée », ajouta-t-elle en mettant la lettre sous son chevet.

Puis elle tomba sur son oreiller comme épuisée par l'effort qu'elle venait de faire et dormit durant quelques heures. Quand elle s'éveilla, ses deux filles, ses deux fils étaient à genoux devant son lit, et priaient avec ferveur. Ce jour était un jeudi. Gabriel et Jean venaient d'arriver du collège, amenés par Emmanuel de Solis, nommé depuis six mois professeur d'histoire et de philosophie.

« Chers enfants, il faut nous dire adieu, s'écria-t-elle. Vous ne m'abandonnez pas, vous ! et celui que... »
Elle n'acheva pas.

« Monsieur Emmanuel, dit Marguerite en voyant pâlir sa mère, allez dire à mon père que maman se trouve plus mal. »
Le jeune Solis monta jusqu'au laboratoire, et après avoir obtenu de Lemulquinier que Balthazar vînt lui parler, celui-ci répondit à la demande pressante du jeune homme : « J'y vais. »

« Mon ami, dit Mme Claës à Emmanuel quand il fut de retour, emmenez mes deux fils et allez chercher votre oncle. Il est nécessaire, je crois, de me donner les derniers sacrements, je voudrais le recevoir de sa main. »

Quand elle se trouva seule avec ses deux filles, elle fit un signe à Marguerite qui, comprenant sa mère, renvoya Félicie.

« J'avais à vous parler aussi, ma chère maman, dit Marguerite qui ne croyant pas sa mère aussi mal qu'elle l'était agrandit la blessure faite par Pierquin. Depuis dix jours, je n'ai plus d'argent pour les dépenses de la maison, et je dois aux domestiques six mois de gages. J'ai voulu déjà deux fois demander de l'argent à mon père, et je ne l'ai pas osé. Vous ne savez pas ! les tableaux de la galerie et la cave ont été vendus.

— Il ne m'a pas dit un mot de tout cela, s'écria Mme Claës. O mon Dieu ! vous me rappelez à temps vers vous. Mes pauvres enfants, que deviendrez-vous ? » Elle fit une prière ardente qui lui teignit les yeux des feux du repentir. « Marguerite, reprit-elle en tirant la lettre de dessous son chevet, voici un écrit que vous n'ouvrirez et ne lirez qu'au moment où, après ma mort, vous serez dans la plus grande détresse, c'est-à-dire si vous manquiez de pain ici. Ma chère Marguerite, aime bien ton père, mais aie soin de ta sœur et de tes frères. Dans quelques jours, dans quelques heures peut-être ! tu vas être à la tête de la maison. Sois économe. Si tu te trouvais opposée aux volontés de ton père, et le cas pourrait arriver, puisqu'il a dépensé de grandes sommes à chercher un secret dont la découverte doit être l'objet d'une gloire et d'une fortune immense, il aura sans doute besoin d'argent, peut-être t'en demandera-t-il, déploie alors toute la tendresse d'une fille, et sache concilier les intérêts dont tu seras la seule protectrice avec ce que tu dois à un père, à un grand homme qui sacrifie son bonheur, sa vie, à l'illustration de sa famille ; il ne pourrait avoir tort que dans la forme, ses intentions seront toujours nobles, il est si excellent, que son cœur est plein d'amour ; vous le reverrez bon et affectueux, vous ! J'ai dû te dire ces paroles sur le bord de la tombe, Marguerite. Si tu veux adoucir les douleurs de ma mort, tu me promettras, mon enfant, de me remplacer près de ton père, de ne lui point causer de chagrin ; ne lui reproche rien, ne le juge pas ! Enfin, sois une médiatrice douce et complaisante jusqu'à ce que, son œuvre terminée, il redevienne le chef de sa famille.

— Je vous comprends, ma mère chérie, dit Marguerite en baisant les yeux enflammés de la mourante, et je ferai comme il vous plaît.

— Ne te marie, mon ange, reprit Mme Claës, qu'au moment où Gabriel pourra te succéder dans le gouvernement des affaires de la maison. Ton mari, si tu te mariais, ne partagerait peut-être pas tes sentiments, jetterait le trouble dans la famille et tourmenterait ton père. »

Marguerite regarda sa mère et lui dit : « N'avez-vous aucune autre recommandation à me faire sur mon mariage ?

— Hésiterais-tu, ma chère enfant ? dit la mourante d'effroi.

— Non, répondit-elle, je vous promets de vous obéir.

— Pauvre fille, je n'ai pas su me sacrifier pour vous, ajouta la mère en versant des larmes chaudes, et je te demande de te sacrifier pour tous. Le bonheur rend égoïste. Oui, Marguerite, j'ai été faible parce que j'étais heureuse. Sois forte, conserve de la raison pour ceux qui n'en auront pas ici. Fais en sorte que tes frères, que ta sœur ne m'accusent jamais. Aime bien ton père, mais ne le contrarie pas... trop. »

Elle pencha la tête sur son oreiller et n'ajouta pas un mot, ses forces l'avaient trahie. Le combat intérieur entre la Femme et la Mère avait été trop violent. Quelques instants après, le clergé vint, précédé de l'abbé de Solis, et le parloir fut rempli par les gens de la maison. Quand la cérémonie commença, Mme Claës, que son confesseur avait réveillée, regarda toutes les personnes qui étaient autour d'elle, et n'y vit pas Balthazar. « Et monsieur ? » dit-elle.

Ce mot, où se résumaient et sa vie et sa mort, fut prononcé d'un ton si lamentable, qu'il causa un frémissement horrible dans l'assemblée. Malgré son grand âge, Martha s'élança comme une flèche, monta les escaliers et frappa durement à la porte du laboratoire.

« Monsieur, Madame se meurt, et l'on vous attend pour l'administrer, cria-t-elle avec la violence de l'indignation.

— Je descends », répondit Balthazar.

Lemulquinier vint un moment après, en disant que son maître le suivait. Mme Claës ne cessa de regarder la porte du parloir, mais son mari ne se montra qu'au moment où la cérémonie était terminée. L'abbé de Solis et les enfants entouraient le chevet de la mourante. En voyant entrer son mari, Joséphine rougit, et quelques larmes roulèrent sur ses joues.

« *Tu allais sans doute décomposer l'azote,* lui dit-elle avec une douceur d'ange qui fit frissonner les assistants.

— C'est fait, s'écria-t-il d'un air joyeux. L'azote contient de l'oxygène et une substance de la nature des impondérables qui vraisemblablement est le principe de la... »

Il s'éleva des murmures d'horreur qui l'interrompirent et lui rendirent sa présence d'esprit.

« Que m'a-t-on dit ? reprit-il. Tu es donc plus mal ? Qu'est-il arrivé ?

— Il arrive, monsieur, lui dit à l'oreille l'abbé de Solis indigné, que votre femme se meurt et que vous l'avez tuée. »

Sans attendre de réponse, l'abbé de Solis prit le bras d'Emmanuel et sortit suivi des enfants qui le conduisirent jusque dans la cour. Balthazar demeura comme foudroyé et regarda sa femme en laissant tomber quelques larmes.

— Tu meurs et je t'ai tuée, s'écria-t-il. Que dit-il donc ?

— Mon ami, reprit-elle, je ne vivais que par ton amour, et tu m'as à ton insu retiré ma vie.

— Laissez-nous, dit Claës à ses enfants au moment où ils entrèrent. Ai-je donc un seul instant cessé de t'aimer ? reprit-il en s'asseyant au chevet de sa femme et lui prenant les mains qu'il baisa.

— Mon ami, je ne te reprocherai rien. Tu m'as rendue heureuse, trop heureuse ; je n'ai pu soutenir la comparaison des premiers jours de notre mariage qui étaient pleins, et de ces derniers jours pendant lesquels tu n'as plus été toi-même et qui ont été vides. La vie du cœur, comme la vie physique, a ses actions. Depuis six ans, tu as été mort à l'amour, à la famille, à tout ce qui faisait notre bonheur. Je ne te parlerai pas des félicités qui sont l'apanage de la jeunesse, elles doivent cesser dans l'arrière-saison de la vie ; mais elles laissent des fruits dont se nourrissent les âmes, une confiance sans bornes, de douces habitudes ; eh ! bien, tu m'as ravi ces trésors de notre âge. Je m'en vais à temps : nous ne vivions ensemble d'aucune manière, tu me cachais tes pensées et tes actions. Comment es-tu donc arrivé à me craindre ? T'ai-je jamais adressé une parole, un regard, un geste empreints de blâme ? Eh ! bien, tu as vendu tes derniers tableaux, tu as vendu jusqu'aux vins de ta cave, et tu empruntes de nouveau sur tes biens sans m'en avoir dit un mot. Ah ! je sortirai donc de la vie, dégoûtée de la vie. Si tu commets des fautes, si tu t'aveugles en poursuivant l'impossible, ne t'ai-je donc pas montré qu'il y avait en moi assez d'amour pour trouver de la douceur à partager tes fautes, à toujours marcher près de toi, m'eusses-tu menée dans les chemins du crime. Tu m'as trop bien aimée ; là est ma gloire et là ma douleur. Ma maladie a duré longtemps, Balthazar ; elle a commencé le jour qu'à cette place où je vais expirer tu m'as prouvé que tu appartenais plus à la Science qu'à la Famille. Voici ta femme morte et ta propre fortune consumée. Ta fortune et ta femme t'appartenaient, tu pouvais en disposer ; mais le jour où je ne serai plus, ma fortune sera celle de tes enfants, et tu ne pourras en rien prendre. Que vas-tu donc devenir ? Maintenant, maintenant, je te dois la vérité, les mourants voient loin ! où sera désormais le contre-poids qui balancera la passion mauvaise de laquelle tu as fait ta vie ? Si tu m'y as sacrifiée, tes enfants seront bien légers devant toi, car je te dois cette justice d'avouer que tu me préférais à tout. Deux millions et six années de travaux ont été jetés dans ce gouffre, et tu n'as rien trouvé... »

A ces mots, Claës mit sa tête blanchie dans ses mains et se cacha le visage.

« Tu ne trouveras rien que la honte pour toi, la misère pour tes enfants, reprit la mourante. Déjà l'on te nomme par dérision Claës-l'alchimiste, plus tard ce sera Claës-le-fou ! Moi, je crois en toi. Je te sais grand, savant, plein de génie ; mais pour le vulgaire, le génie ressemble à de la folie. La gloire est le soleil des morts ; de ton vivant tu seras malheureux comme tout ce qui fut grand, et tu ruineras tes enfants. Je m'en vais sans avoir joui de la renommée, qui m'eût consolée d'avoir perdu le bonheur ! Eh ! bien, mon cher Balthazar, pour me rendre cette mort moins amère, il faudrait que je fusse certaine que nos enfants auront un morceau de pain ; mais rien, pas même toi, ne pourrait calmer mes inquiétudes...

— Je jure, dit Claës, de...

— Ne jure pas, mon ami, pour ne point manquer à tes serments, dit-elle en l'interrompant. Tu nous devais ta protection, elle nous a failli depuis près de sept années. La science est ta vie. Un grand homme ne peut avoir ni femme, ni enfants. Allez seuls dans vos voies de misère ! vos vertus ne sont pas celles des gens vulgaires, vous appartenez au monde, vous ne sauriez appartenir ni à une femme, ni à une famille. Vous desséchez la terre à l'entour de vous comme font de grands arbres ! moi, pauvre plante, je n'ai pu m'élever assez haut, j'expire à moitié de ta vie. J'attendais ce dernier jour pour te dire ces horribles pensées, que je n'ai découvertes qu'aux éclairs de la douleur et du désespoir. Epargne mes enfants ! Que ce mot retentisse dans ton cœur ! Je te le dirai jusqu'à mon dernier soupir. La femme est morte, vois-tu ? tu l'as dépouillée lentement et graduellement de ses sentiments, de ses plaisirs. Hélas ! sans ce cruel soin que tu as pris involontairement, aurais-je vécu si longtemps ? Mais ces pauvres enfants ne m'abandonnaient pas, eux ! ils ont grandi près de mes douleurs, la mère a survécu. Epargne, épargne nos enfants.

— Lemulquinier, cria Balthazar d'une voix tonnante. Le vieux valet se montra soudain. — Allez tout détruire là-haut, machines, appareils, faites avec précaution, mais brisez tout. Je renonce à la science ! dit-il à sa femme.

— Il est trop tard, ajouta-t-elle en regardant Lemulquinier. Marguerite !, s'écria-t-elle en se sentant mourir. Marguerite se montra sur le seuil de la porte, et jeta un cri perçant en voyant les yeux de sa mère qui pâlissaient.

— Marguerite ! » répéta la mourante.

Cette dernière exclamation contenait un si violent appel à sa fille, elle l'investissait de tant d'autorité, que ce cri fut tout un testament. La famille épouvantée accourut, et vit expirer Mme Claës qui avait épuisé les dernières forces de sa vie dans sa conversation avec son mari. Balthazar et Marguerite immobiles, elle au chevet, lui au pied du lit, ne pouvaient croire à la mort de cette femme dont toutes les vertus et l'inépuisable tendresse n'étaient connues que d'eux. Le père et la fille échangèrent un regard pesant de pensées : la fille jugeait son père, le père tremblait déjà de trouver dans sa fille l'instrument d'une vengeance. Quoique les souvenirs d'amour par lesquels sa femme avait rempli sa vie revinssent en foule assiéger sa mémoire et donnassent aux dernières paroles de la morte une sainte autorité qui devait toujours lui en faire écouter la voix, Balthazar doutait de son cœur trop faible contre son génie ; puis, il entendait un terrible grondement de passion qui lui niait la force de son repentir, et lui faisait peur de lui-même. Quand cette femme eut disparu, chacun comprit que la maison Claës avait une âme et que cette âme n'était plus. Aussi la douleur fut-elle si vive dans la famille, que le parloir où la noble Joséphine semblait revivre resta fermé, personne n'avait le courage d'y entrer.

3. LA LUTTE DU PÈRE ET DE LA FILLE.

3.1. LA RECHERCHE DE L'ABSOLU.

M. Fargeaud (op. cit.) fait remarquer que :

Le conflit entre père et fille donne lieu aussi, dans les deux romans, à des scènes tout à fait comparables, l'une d'opposition, l'autre de séduction, l'enjeu étant dans les deux cas l'or.

{ On comparera le passage suivant de *la Recherche de l'absolu* avec *Eugénie Grandet*, tome 2, p. 73 et suivantes.

— Tenez, mon père, reprit Marguerite en amenant Balthazar par un mouvement plein de grâce et de câlinerie filiale devant la cheminée où elle prit quelques papiers qui étaient sous le cartel, voici vos lettres de change ; mais n'en souscrivez plus, il n'y aurait plus rien pour les payer...

— Tu as donc de l'argent, » dit Balthazar à l'oreille de Marguerite quand il fut revenu de sa surprise.

Ce mot suffoqua cette héroïque fille, tant il y avait de délire, de joie, d'espérance dans la figure de son père qui regardait autour de lui, comme pour découvrir de l'or.

« Mon père, dit-elle avec un accent de douleur, j'ai ma fortune.

— Donne-la-moi, dit-il en laissant échapper un geste avide, je te rendrai tout au centuple.

— Oui, je vous la donnerai, répondit Marguerite en contemplant Balthazar qui ne comprit pas le sens que sa fille mettait à ce mot.

— Ah! ma chère fille, dit-il, tu me sauves la vie! J'ai imaginé une dernière expérience, après laquelle il n'y a plus rien de possible. Si, cette fois, je ne le trouve pas, il faudra renoncer à chercher l'Absolu. Donne-moi le bras, viens, mon enfant chérie, je voudrais te faire la femme la plus heureuse de la terre, tu me rends au bonheur, à la gloire; tu me procures le pouvoir de vous combler de trésors, je vous accablerai de joyaux, de richesses. »

Il baisa sa fille au front, lui prit les mains, les serra, lui témoigna sa joie par des câlineries qui parurent presque serviles à Marguerite; pendant le dîner Balthazar ne voyait qu'elle, il la regardait avec l'empressement, avec l'attention, la vivacité qu'un amant déploie pour sa maîtresse: faisait-elle un mouvement? il cherchait à deviner sa pensée, son désir, et se levait pour la servir; il la rendait honteuse, il mettait à ses soins une sorte de jeunesse qui contrastait avec sa vieillesse anticipée. Mais, à ces cajoleries Marguerite opposait le tableau de la détresse actuelle, soit par un mot de doute, soit par un regard qu'elle jetait sur les rayons vides des dressoirs de cette salle à manger.

« Va, lui dit-il, dans six mois, nous remplirons ça d'or et de merveilles. Tu seras comme une reine. Bah! la nature entière nous appartiendra, nous serons au-dessus de tout... et par toi... ma Marguerite. Margarita? reprit-il en souriant, ton nom est une prophétie. Margarita veut dire une perle. Sterne a dit cela quelque part. As-tu lu Sterne? veux-tu un Sterne? ça t'amusera.

— La perle est, dit-on, le fruit d'une maladie, reprit-elle, et nous avons déjà bien souffert!

— Ne sois pas triste, tu feras le bonheur de ceux que tu aimes, tu seras bien puissante, bien riche.

— Mademoiselle a si bon cœur », dit Lemulquinier dont la face en écumoire grimaça péniblement un sourire.

Pendant le reste de la soirée, Balthazar déploya pour ses deux filles toutes les grâces de son caractère et tout le charme de sa conversation. Séduisant comme le serpent, sa parole, ses regards épanchaient un fluide magnétique, et il prodigua cette puissance de génie, ce doux esprit qui fascinait Joséphine, et il mit pour ainsi dire ses filles dans son cœur. Quand Emmanuel de Solis vint, il trouva, pour la première fois depuis longtemps, le père et les enfants réunis. Malgré sa réserve, le jeune proviseur fut soumis au prestige de cette scène, car la conversation, les manières de Balthazar eurent un entraînement irrésistible. Quoique plongés dans les abîmes de la pensée, et incessamment occupés à observer le monde moral, les hommes de science aperçoivent néanmoins les plus petits détails dans la sphère où ils vivent. Plus intempestifs que distraits, ils ne sont jamais en harmonie avec ce qui les entoure, ils savent et oublient tout ; ils préjugent l'avenir, prophétisent pour eux seuls, sont au fait d'un événement avant qu'il n'éclate, mais ils n'en ont rien dit. Si dans le silence des méditations, ils ont fait usage de leur puissance pour reconnaître ce qui se passe autour d'eux, il leur suffit d'avoir deviné : le travail les emporte, et ils appliquent presque toujours à faux les connaissances qu'ils ont acquises sur les choses de la vie. Parfois, quand ils se réveillent de leur apathie sociale, ou quand ils tombent du monde moral dans le monde extérieur, ils y reviennent avec une riche mémoire, et n'y sont étrangers à rien. Ainsi Balthazar, qui joignait la perspicacité du cœur à la perspicacité du cerveau, savait tout le passé de sa fille, il connaissait ou avait deviné les moindres événements de l'amour mystérieux qui l'unissait à Emmanuel, il le leur prouva finement, et sanctionna leur affection en la partageant. C'était la plus douce flatterie que pût faire un père, et les deux amants ne surent pas y résister. Cette soirée fut délicieuse par le contraste qu'elle formait avec les chagrins qui assaillaient la vie de ces pauvres enfants. Quand, après les avoir pour ainsi dire remplis de sa lumière et baignés de tendresse, Balthazar se retira, Emmanuel de Solis, qui avait eu jusqu'alors une contenance gênée, se débarrassa de trois mille ducats en or qu'il tenait dans ses poches en craignant de les laisser apercevoir. Il les mit sur la travailleuse de Marguerite qui les couvrit avec le linge qu'elle raccommodait, et alla chercher le reste de la somme. Quand il revint, Félicie était allée se coucher. Onze heures sonnaient. Martha, qui veillait pour déshabiller sa maîtresse, était occupée chez Félicie.

« Où cacher cela ? dit Marguerite qui n'avait pas résisté au plaisir de manier quelques ducats, un enfantillage qui la perdit.

— Je soulèverai cette colonne de marbre dont le socle est creux, dit Emmanuel, vous y glisserez les rouleaux, et le diable n'irait pas les y chercher. »

Au moment où Marguerite faisait son avant-dernier voyage de la travailleuse à la colonne, elle jeta un cri perçant, laissa tomber les rouleaux dont les pièces brisèrent le papier et s'éparpillèrent sur le parquet : son père était à la porte du parloir, et montrait sa tête dont l'expression d'avidité l'effraya.

« Que faites-vous donc là ? » dit-il en regardant tour à tour sa fille que la peur clouait sur le plancher, et le jeune homme qui s'était brusquement dressé, mais dont l'attitude auprès de la colonne était assez significative. Le fracas de l'or sur le parquet fut horrible et son éparpillement semblait prophétique.

« Je ne me trompais pas, dit Balthazar en s'asseyant, j'avais entendu le son de l'or. »

Il n'était pas moins ému que les deux jeunes gens dont les cœurs palpitaient si bien à l'unisson, que leurs mouvements s'entendaient comme les coups d'un balancier de pendule au milieu du profond silence qui régna tout à coup dans le parloir. « Je vous remercie, monsieur de Solis, dit Marguerite à Emmanuel en lui jetant un coup d'œil qui signifiait : Secondez-moi, pour sauver cette somme.

— Quoi, cet or... reprit Balthazar en lançant des regards d'une épouvantable lucidité sur sa fille et sur Emmanuel.

— Cet or est à monsieur qui a la bonté de me le prêter pour faire honneur à nos engagements », lui répondit-elle. M. de Solis rougit et voulut partir.
« Monsieur, dit Balthazar en l'arrêtant par le bras, ne vous dérobez pas à mes remerciements.

— Monsieur, vous ne me devez rien. Cet argent appartient à mademoiselle Marguerite qui me l'emprunte sur ses biens, répondit-il en regardant sa maîtresse qui le remercia par un imperceptible clignement des paupières.

— Je ne souffrirai pas cela », dit Claës qui prit une plume et une feuille de papier sur la table où écrivait Félicie, et se tournant vers les deux jeunes gens étonnés : « Combien y a-t-il ? » La passion avait rendu Balthazar plus rusé que ne l'eût été le plus adroit des intendants coquins; la somme allait être à lui. Marguerite et M. de Solis hésitaient. « Comptons, dit-il.

— Il y a six mille ducats, répondit Emmanuel.

— Soixante-dix mille francs », reprit Claës.
Le coup d'œil que Marguerite jeta sur son amant lui donna du courage.
« Monsieur, dit-il en tremblant, votre engagement est sans valeur, pardonnez-moi cette expression purement technique; j'ai prêté ce matin à Mademoiselle cent mille francs pour racheter des lettres de change que vous étiez hors d'état de payer, vous ne sauriez donc me donner aucune garantie. Ces cent soixante-dix mille francs sont à mademoiselle votre fille qui peut en disposer comme bon lui semble, mais je ne les lui prête que sur la promesse qu'elle m'a faite de souscrire un contrat avec lequel je puisse prendre des sûretés sur sa part dans les terrains nus de Waignies. »
Marguerite détourna la tête pour ne pas laisser voir les larmes qui lui vinrent aux yeux, elle connaissait la pureté de cœur qui distinguait Emmanuel. Elevé par son oncle dans la pratique la plus sévère des vertus religieuses, le jeune homme avait spécialement horreur du mensonge; après avoir offert sa vie et son cœur à Marguerite, il lui faisait donc encore le sacrifice de sa conscience.

« Adieu, monsieur, lui dit Balthazar, je vous croyais plus de confiance dans un homme qui vous voyait avec des yeux de père. »

Après avoir échangé avec Marguerite un déplorable regard, Emmanuel fut reconduit par Martha qui ferma la porte de la rue. Au moment où le père et la fille furent bien seuls, Claës dit à sa fille. « Tu m'aimes, n'est-ce pas ?

— Ne prenez pas de détours, mon père. Vous voulez cette somme, vous ne l'aurez point. »

Elle se mit à rassembler les ducats, son père l'aida silencieusement à les ramasser et à vérifier la somme qu'elle avait semée, et Marguerite le laissa faire, sans lui témoigner la moindre défiance. Les deux mille ducats remis en pile, Balthazar dit d'un air désespéré : « Marguerite, il me faut cet or !

— Ce serait un vol si vous le preniez, répondit-elle froidement. Ecoutez, mon père : il vaut mieux nous tuer d'un seul coup, que de nous faire souffrir mille morts, chaque jour. Voyez, qui de vous, qui de nous doit succomber.

— Vous aurez donc assassiné votre père, reprit-il.

— Nous aurons vengé notre mère, dit-elle en montrant la place où Mme Claës était morte.

— Ma fille, si tu savais ce dont il s'agit, tu ne me dirais pas de telles paroles. Ecoute, je vais t'expliquer le problème... Mais tu ne me comprendras pas ! s'écria-t-il avec désespoir. Enfin, donne ! crois une fois en ton père. Oui, je sais que j'ai fait de la peine à ta mère ; que j'ai dissipé, pour employer le mot des ignorants, ma fortune et dilapidé la vôtre ; que vous travaillez tous pour ce que tu nommes une folie ; mais, mon ange, ma bien-aimée, mon amour, ma Marguerite, écoute-moi donc ! Si je ne réussis pas, je me donne à toi, je t'obéirai comme tu devrais, toi, m'obéir ; je ferai tes volontés, je te remettrai la conduite de ma fortune, je ne serai plus le tuteur de mes enfants, je me dépouillerai de toute autorité. Je te jure par ta mère », dit-il en versant des larmes. Marguerite détourna la tête pour ne pas voir cette figure en pleurs, et Claës se jeta aux genoux de sa fille en croyant qu'elle allait céder. « Marguerite, Marguerite ! donne, donne ! Que sont soixante mille francs pour éviter des remords éternels ! Vois-tu, je mourrai, ceci me tuera. Ecoute-moi ! ma parole sera sacrée. Si j'échoue, je renonce à mes travaux, je quitterai la Flandre, la France même, si tu l'exiges, et j'irai travailler comme un manœuvre afin de refaire sou à sou ma fortune et rapporter un jour à mes enfants ce que la Science leur aura pris. » Marguerite voulait relever son père, mais il persistait à rester à ses genoux, et il ajouta en pleurant : « Sois une dernière fois, tendre et dévouée ! Si je ne réussis pas, je te donnerai moi-même raison dans tes duretés. Tu m'appelleras vieux fou !

tu me nommeras mauvais père! enfin tu me diras que je suis un ignorant! Moi, quand j'entendrai ces paroles, je te baiserai les mains. Tu pourras me battre, si tu le veux; et quand tu me frapperas je te bénirai comme la meilleure des filles en me souvenant que tu m'as donné ton sang!

— S'il ne s'agissait que de mon sang, je vous le rendrais, s'écria-t-elle, mais puis-je laisser égorger par la Science mon frère et ma sœur? non! Cessez, cessez, dit-elle en essuyant ses larmes et repoussant les mains caressantes de son père.

— Soixante mille francs et deux mois, dit-il en se levant avec rage, il ne me faut plus que cela; mais ma fille se met entre la gloire, entre la richesse et moi. Sois maudite! ajouta-t-il. Tu n'est ni fille, ni femme, tu n'as pas de cœur, tu ne seras ni une mère, ni une épouse! ajouta-t-il. Laisse-moi prendre! dis, ma chère petite, mon enfant chérie, je t'adorerai, ajouta-t-il en avançant la main sur l'or par un mouvement d'atroce énergie.

— Je suis sans défense contre la force, mais Dieu et le grand Claës nous voient! dit Marguerite en montrant le portrait.

— Eh! bien, essaie de vivre couverte du sang de ton père », cria Balthazar en lui jetant un regard d'horreur. Il se leva, contempla le parloir et sortit lentement. En arrivant à la porte, il se retourna comme il eût fait un mendiant et interrogea sa fille par un geste auquel Marguerite répondit en faisant un signe de tête négatif.

« Adieu, ma fille, dit-il avec douceur, tâchez de vivre heureuse. »

Quand il eut disparu, Marguerite resta dans une stupeur qui eut pour effet de l'isoler de la terre, elle n'était plus dans le parloir, elle ne sentait plus son corps, elle avait des ailes, et volait dans les espaces du monde moral où tout est immense, où la pensée rapproche et les distances et les temps, où quelque main divine relève la toile étendue sur l'avenir. Il lui sembla qu'il s'écoulait des jours entiers entre chacun des pas que faisait son père en montant l'escalier; puis elle eut un frisson d'horreur au moment où elle l'entendit entrer dans sa chambre. Guidée par un pressentiment qui répandit dans son âme la poignante clarté d'un éclair, elle franchit les escaliers sans lumière, sans bruit, avec la vélocité d'une flèche, et vit son père qui s'ajustait le front avec un pistolet.

« Prenez tout », lui cria-t-elle en s'élançant vers lui.

Elle tomba sur un fauteuil. Balthazar la voyant pâle, se mit à pleurer comme pleurent les vieillards; il redevint enfant, il la baisa au front, lui dit des paroles sans suite, il était près de sauter de joie, et semblait vouloir jouer avec elle comme un amant joue avec sa maîtresse après en avoir obtenu le bonheur.

« Assez ! assez, mon père, dit-elle, songez à votre promesse !
Si vous ne réussissez pas, vous m'obéirez !

— Oui.

— O ma mère, dit-elle en se tournant vers la chambre de
Mme Claës, vous auriez tout donné, n'est-ce pas ?

— Dors en paix, dit Balthazar, tu es une bonne fille.

— Dormir ! dit-elle, je n'ai plus les nuits de ma jeunesse ;
vous me vieillissez, mon père, comme vous avez lentement
flétri le cœur de ma mère.

— Pauvre enfant, je voudrais te rassurer en t'expliquant les
effets de la magnifique expérience que je viens d'imaginer, tu
comprendrais...

— Je ne comprends que notre ruine », dit-elle en s'en allant.

3.2. *LA VENDETTA.*

Le climat ici est tout autre. Ginevra avoue à son père l'amour
qu'elle voue à un jeune homme rencontré, caché à l'atelier de
Servin.

— J'aime un jeune homme, ajouta-t-elle d'une voix émue.
Puis, sans oser regarder ses parents, elle abaissa ses larges
paupières, comme pour voiler le feu de ses yeux.

— Est-ce un prince ? lui demanda ironiquement son père en
prenant un son de voix qui fit trembler la mère et la fille.

— Non, mon père, répondit-elle avec modestie, c'est un jeune
homme sans fortune...

— Il est donc bien beau ?

— Il est malheureux.

— Que fait-il ?

— Compagnon de Labédoyère, il était proscrit, sans asile ;
Servin l'a caché, et...

— Servin est un honnête garçon qui s'est bien comporté,
s'écria Piombo ; mais vous faites mal, vous, ma fille, d'aimer
un autre homme que votre père...

— Il ne dépend pas de moi de ne pas aimer, répondit doucement Ginevra.

— Je me flattais, reprit son père, que ma Ginevra me serait
fidèle jusqu'à ma mort, que mes soins et ceux de sa mère
seraient les seuls qu'elle aurait reçus, que notre tendresse
n'aurait pas rencontré dans son âme de tendresse rivale, et
que...

— Vous ai-je reproché votre fanatisme pour Napoléon ? dit
Ginevra. N'avez-vous aimé que moi ? n'avez-vous pas été des

mois entiers en ambassade ? n'ai-je pas supporté courageusement vos absences ? La vie a des nécessités qu'il faut savoir subir.

— Ginevra !

— Non, vous ne m'aimez pas pour moi, et vos reproches trahissent un insupportable égoïsme.

— Tu accuses l'amour de ton père, s'écria Piombo les yeux flamboyants.

— Mon père, je ne vous accuserai jamais, répondit Ginevra avec plus de douceur que sa mère tremblante n'en attendait. Vous avez raison dans votre égoïsme, comme j'ai raison dans mon amour. Le ciel m'est témoin que jamais fille n'a mieux rempli ses devoirs auprès de ses parents. Je n'ai jamais vu que bonheur et amour là où d'autres voient souvent des obligations. Voici quinze ans que je ne me suis pas écartée de dessous votre aile protectrice, et ce fut un bien doux plaisir pour moi que de charmer vos jours. Mais serais-je donc ingrate en me livrant au charme d'aimer, en désirant un époux qui me protège après vous ?

— Ah ! tu comptes avec ton père, Ginevra, reprit le vieillard d'un ton sinistre.
Il se fit une pause effrayante pendant laquelle personne n'osa parler. Enfin, Bartholoméo rompit le silence en s'écriant d'une voix déchirante : — Oh ! reste avec nous, reste auprès de ton vieux père ! Je ne saurais te voir aimant un homme. Ginevra, tu n'attendras pas longtemps ta liberté...

— Mais, mon père, songez donc que nous ne vous quitterons pas, que nous serons deux à vous aimer, que vous connaîtrez l'homme au soin duquel vous me laisserez ! Vous serez doublement chéri par moi et par lui : par lui qui est encore moi, et par moi qui suis tout lui-même.

— O Ginevra ! Ginevra ! s'écria le corse en serrant les poings, pourquoi ne t'es-tu pas mariée quand Napoléon m'avait accoutumé à cette idée, et qu'il te présentait des ducs et des comtes ?

— Ils m'aimaient par ordre, dit la jeune fille. D'ailleurs, je ne voulais pas vous quitter, et ils m'auraient emmenée avec eux.

— Tu ne veux pas nous laisser seuls, dit Piombo ; mais te marier, c'est nous isoler ! Je te connais, ma fille, tu ne nous aimeras plus.

— Elisa, ajouta-t-il en regardant sa femme qui restait immobile et comme stupide, nous n'avons plus de fille, elle veut se marier.
Le vieillard s'assit après avoir levé les mains en l'air comme pour invoquer Dieu ; puis il resta courbé comme accablé sous

sa peine. Ginevra vit l'agitation de son père, et la modération de sa colère lui brisa le cœur ; elle s'attendait à une crise, à des fureurs, elle n'avait pas armé son âme contre la douceur paternelle.

— Mon père, dit-elle d'une voix touchante, non, vous ne serez jamais abandonné par votre Ginevra. Mais aimez-la aussi un peu pour elle. Si vous saviez comme *il* m'aime ! Ah ! ce ne serait pas lui qui me ferait de la peine !

— Déjà des comparaisons, s'écria Piombo avec un accent terrible. Non, je ne puis supporter cette idée, reprit-il. S'il t'aimait comme tu mérites de l'être, il me tuerait ; et s'il ne t'aimait pas, je le poignarderais.

Les mains de Piombo tremblaient, ses lèvres tremblaient, son corps tremblait et ses yeux lançaient des éclairs ; Ginevra seule pouvait soutenir son regard, car alors elle allumait ses yeux, et la fille était digne du père.

— Oh ! t'aimer ! Quel est l'homme digne de cette vie ? reprit-il. T'aimer comme un père, n'est-ce pas déjà vivre dans le paradis ? qui donc sera jamais digne d'être ton époux ?

— Lui, dit Ginevra, lui de qui je me sens indigne.

— Lui ? répéta machinalement Piombo. Qui, *lui* ?

— Celui que j'aime.

— Est-ce qu'il peut te connaître assez pour t'adorer ?

— Mais, mon père, reprit Ginevra éprouvant un mouvement d'impatience, quand il ne m'aimerait pas, du moment où je l'aime...

— Tu l'aimes donc ? s'écria Piombo. Ginevra inclina doucement la tête. — Tu l'aimes alors plus que nous ?

— Ces deux sentiments ne peuvent se comparer, répondit-elle.

— L'un est plus fort que l'autre, reprit Piombo.

— Je crois que oui, dit Ginevra.

— Tu ne l'épouseras pas, cria le corse dont la voix fit résonner les vitres du salon.

— Je l'épouserai, répliqua tranquillement Ginevra.

— Mon Dieu ! mon Dieu ! s'écria la mère, comment finira cette querelle ? *Santa Virgina !* mettez-vous entre eux.

Le baron, qui se promenait à grands pas, vint s'asseoir ; une sévérité glacée rembrunissait son visage, il regarda fixement sa fille, et lui dit d'une voix douce et affaiblie : — Eh bien ! Ginevra ! non, tu ne l'épouseras pas. Oh ! ne me dis pas oui ce soir ?... laisse-moi croire le contraire. Veux-tu voir ton père à genoux et ses cheveux blancs prosternés devant toi ? je vais te supplier...

— Ginevra Piombo n'a pas été habituée à promettre et à ne pas tenir, répondit-elle. Je suis votre fille.

— Elle a raison, dit la baronne, nous sommes mises au monde pour nous marier.

— Ainsi, vous l'encouragez dans sa désobéissance, dit le baron à sa femme qui frappée de ce mot se changea en statue.

— Ce n'est pas désobéir que de se refuser à un ordre injuste, répondit Ginevra.

— Il ne peut pas être injuste quand il émane de la bouche de votre père, ma fille ! Pourquoi me jugez-vous ? La répugnance que j'éprouve n'est-elle pas un conseil d'en haut ? Je vous préserve peut-être d'un malheur.

— Le malheur serait qu'il ne m'aimât pas.

— Toujours lui !

— Oui, toujours, reprit-elle. Il est ma vie, mon bien, ma pensée. Même en vous obéissant, il serait toujours dans mon cœur. Me défendre de l'épouser, n'est-ce pas vous faire haïr ?

— Tu ne nous aimes plus, s'écria Piombo.

— Oh ! dit Ginevra en agitant la tête.

— Eh bien ! oublie-le, reste-nous fidèle. Après nous... tu comprends.

— Mon père, voulez-vous me faire désirer votre mort ? s'écria Ginevra.

— Je vivrai plus longtemps que toi ! Les enfants qui n'honorent pas leurs parents meurent promptement, s'écria son père parvenu au dernier degré de l'exaspération.

— Raison de plus pour me marier promptement et être heureuse ! dit-elle.

Ce sang-froid, cette puissance de raisonnement achevèrent de troubler Piombo, le sang lui porta violemment à la tête, son visage devint pourpre. Ginevra frissonna, elle s'élança comme un oiseau sur les genoux de son père, lui passa ses bras autour du cou, lui caressa les cheveux, et s'écria tout attendrie :

— Oh ! oui, que je meure la première ! Je ne te survivrais pas, mon père, mon bon père !

— O ma Ginevra, ma folle Ginevra, répondit Piombo dont toute la colère se fondit à cette caresse comme une glace sous les rayons du soleil.

— Il était temps que vous finissiez, dit la baronne d'une voix émue.

— Pauvre mère !

— Ah ! Ginevretta ! ma Ginevra bella !

Et le père jouait avec sa fille comme avec un enfant de six ans, il s'amusait à défaire les tresses ondoyantes de ses cheveux, à la faire sauter ; il y avait de la folie dans l'expression de sa tendresse. Bientôt sa fille le gronda en l'embrassant, et tenta d'obtenir en plaisantant l'entrée de son Louis au logis ; mais, tout en plaisantant aussi, le père refusa. Elle bouda, revint, bouda encore ; puis, à la fin de la soirée, elle se trouva contente d'avoir gravé dans le cœur de son père et son amour pour Louis et l'idée d'un mariage prochain. Le lendemain elle ne parla plus de son amour, elle alla plus tard à l'atelier, elle en revint de bonne heure ; elle devint plus caressante pour son père qu'elle ne l'avait jamais été, et se montra pleine de reconnaissance, comme pour le remercier du consentement qu'il semblait donner à son mariage par son silence. Le soir elle faisait longtemps de la musique, et souvent elle s'écriait : — Il faudrait une voix d'homme pour ce nocturne ! Elle était italienne, c'est tout dire. Au bout de huit jours sa mère lui fit un signe, elle vint ; puis à l'oreille et à voix basse : — J'ai amené ton père à le recevoir, dit-elle.

— O ma mère ! vous me faites bien heureuse !

TABLE DES MATIÈRES

Imprimerie-Reliure Mame - 37000 Tours.
Dépôt légal Décembre 1970. — Nº 10907. — Nº de série Éditeur 12504.
IMPRIMÉ EN FRANCE (Printed in France). — 870 003 D Janvier 1985.